RESEARCH ON THE ECONOMIC

WESTERN YUNNAN IN

SPATIAL

空间集聚视角下的滇西区域经济一体化

和燕杰 著

INTEGRATION OF THE PERSPECTIVE OF AGGLOMERATION

社会科学文献出版社
SOCIAL SCIENCES ACADEMIC PRESS (CHINA)

本书的出版获得了丽江鹰猎文化基金会、云南省哲学社会科学规划项目"强制性职业技术教育供给与滇西反贫困问题研究"（项目编号：YB2017014）、丽江市哲学社会科学课题"能力结构与丽江县域经济合作发展研究"（项目编号：ljsk201711）的资助。

目 录

第一章 空间集聚视角下的滇西区域经济一体化：问题提出、研究设计及主要观点 …… 001
- 一 问题提出 …… 001
- 二 研究设计 …… 002
- 三 本研究想表达的主要观点 …… 008

第二章 区域经济一体化：文献综述与空间集聚视角下的理论逻辑 …… 012
- 一 要素流动、产业集聚与空间集聚的概念与内涵 …… 012
- 二 区域经济一体化的定义和组织形式 …… 017
- 三 区域经济一体化理论 …… 025
- 四 要素流动理论 …… 037
- 五 空间集聚理论 …… 042
- 六 要素流动、空间集聚与区域经济一体化的研究框架 …… 058
- 七 滇西区域经济研究文献回顾与评述 …… 068
- 八 本章小结 …… 071

第三章 空间集聚视角下的滇西区域经济一体化：模型构建与指标选择 …… 074
- 一 区域经济一体化水平测度 …… 074
- 二 基本模型的设定、变量设计与指标选择 …… 075
- 三 本章小结 …… 077

第四章　空间集聚视角下的滇西区域经济一体化：实证研究 …… 078
　　一　滇西区域经济一体化水平测度 …… 078
　　二　计量模型、数据、描述性统计及模型修正 …… 079
　　三　计量结果分析 …… 081
　　四　本章小结 …… 085

第五章　空间集聚视角下的滇西区域经济一体化：发展机遇与面临的挑战 …… 086
　　一　滇西区域经济一体化的发展机遇 …… 086
　　二　滇西区域经济一体化面临的挑战 …… 094
　　三　本章小结 …… 103

第六章　空间集聚视角下的滇西次区域的整合：滇西北一体化 … 105
　　一　文献回顾 …… 105
　　二　变量设计、指标选择与模型设定 …… 111
　　三　基于滇西北地区的实证分析 …… 112
　　四　本章小结及政策含义 …… 117

第七章　空间集聚视角下的滇西次区域的整合：滇西南一体化 …… 119
　　一　文献回顾 …… 119
　　二　变量设计、指标选择与模型设定 …… 124
　　三　基于滇西南地区的实证分析 …… 126
　　四　本章小结及政策含义 …… 130

第八章　空间集聚视角下的滇西城市经济一体化：丽江大理案例 …… 132
　　一　文献回顾 …… 132

二　研究设计 ………………………………………………… 135
　三　基于丽江大理的实证分析 ……………………………… 138
　四　推进丽江大理城市经济一体化的政策措施 …………… 145
　五　本章小结及政策含义 …………………………………… 147

第九章　空间集聚视角下的滇西城市经济一体化：大理保山
　　　　案例 …………………………………………………… 149
　一　文献回顾 ………………………………………………… 149
　二　变量设计、指标选择与模型设定 ……………………… 154
　三　基于大理保山的实证分析 ……………………………… 156
　四　推进大理保山城市经济一体化的政策安排 …………… 161
　五　本章小结及政策含义 …………………………………… 162

第十章　空间集聚视角下的滇西与域外地区的区域经济一体化：
　　　　丽江攀枝花案例 ……………………………………… 165
　一　文献回顾 ………………………………………………… 166
　二　模型构建与指标选择 …………………………………… 167
　三　要素流动、空间集聚与区域经济一体化：基于丽江、
　　　攀枝花的实证分析 ……………………………………… 169
　四　基于要素流动、空间集聚视角推进丽江与攀枝花区域
　　　经济一体化的对策研究 ………………………………… 174
　五　本章小结 ………………………………………………… 175

第十一章　基于空间集聚视角加快滇西区域经济一体化进程的
　　　　　对策研究 …………………………………………… 177
　一　滇西区域经济一体化合作的重点领域选择 …………… 177
　二　推进滇西区域经济一体化的基本路径 ………………… 179
　三　滇西区域经济一体化的合作政策安排 ………………… 181
　四　本章小结 ………………………………………………… 183

第十二章 研究结论 …………………………………… 184

主要参考文献 ………………………………………… 192

后　记 ………………………………………………… 209

第一章 空间集聚视角下的滇西区域经济一体化：问题提出、研究设计及主要观点

一 问题提出

改革开放 40 年来，我国积极融入世界经济，成为世界经济的重要一员。这一实践证明，我国只有对外积极融入世界经济，对内加强区域经济一体化，才能实现国家利益的最大化。基于这样的认识，我国对外不断加强对世界各区域集团的经济联系，先后加入了亚太经合组织、中国—东盟自由贸易区、上海合作组织等，于 2013 年提出了"一带一路"倡议，并正在着力推进，对内不断地进行着各区域间经济一体化的探索和实践，其中较为典型的是以长江三角洲地区经济合作、珠江三角洲地区经济合作以及京津冀地区经济合作为主要表现形式的区域经济一体化。在区域经济一体化方兴未艾的背景下，作为处于西部落后地区的云南省也试图通过滇中经济圈等区域性安排，来进一步整合区域经济，实现云南经济的跨越式发展。

滇西地区少数民族人口众多，经济基础薄弱，属于集中连片特困地区，发展水平远落后于东部发达地区，就是与滇中等云南的先进地区来比也差距明显。云南省为了协调区域发展，继提出建立滇中经济圈后，开始重视滇西地区的开发。滇西地区又因有着较强的资源环境承载力和较好的经济集聚条件而被列为重点开发区（《云

南省国民经济和社会发展第十一个五年规划纲要》，2009）。滇西是一个典型的边疆民族地区，按照大处着眼、小处着手的思路，积极推进滇西区域经济的一体化，对于推进云南区域经济的整合进而实现一体化、促进各民族的融合发展、维护我国边疆的稳定有着重要的意义，而演绎推理要素流动、空间集聚与区域经济一体化互动发展的作用机理，是研究滇西区域经济一体化的关键，是一个重要的现实问题与理论课题。

滇西地区与缅甸山水相连，国境线漫长，这种客观存在的边界使滇西地区与相邻的缅甸之间，甚至滇西各地之间的资源禀赋、劳动成本、要素流动、制度等方面存在多重差异，其发展呈现出显著的异质性特征，这必将给区域经济一体化的推进和实现带来不同程度的困难。本研究立足于区域经济一体化方兴未艾的现实背景，着眼于空间集聚的视角，以不断推进一体化为目标，研究滇西区域经济一体化的实现路径与机理。本研究作为理论探讨，对于充分发挥滇西各地的自身优势，达到合作共赢、共同发展的目标，有着极为重要的现实意义，同时也能为云南省区域之间的产业合作、市场一体化与经济发展的收敛提供理论探讨，具有重要的理论价值。

二　研究设计

（一）本研究所涉及的区域

本研究所涉及的区域包括迪庆藏族自治州、丽江市、怒江傈僳族自治州、大理白族自治州、保山市、临沧市、德宏傣族景颇族自治州七个州市全部行政辖区范围。

（二）滇西地区的异质性特征

滇西地区的异质性特征主要包括以下四个方面：一是滇西地区

第一章　空间集聚视角下的滇西区域经济一体化：问题提出、研究设计及主要观点

属于内陆边疆地区，对外开放程度相对较低，长期以来处于我国开放的后方。二是滇西地区还属于我国集中连片特困地区，发展较为落后，一直是我国最不发达的地区之一。三是滇西地区是少数民族集聚区，人力资本价值较为低下，导致内生发展能力不足。四是滇西地区属于高原多山地形，地质灾害频发，导致以缩短经济距离为目标的改善基础设施条件特别是交通运输条件政策的实施变得较为困难，成本巨大。

（三）主要研究内容

研究内容主要由十一部分组成。

第一部分，滇西区域经济一体化：问题提出、研究设计及主要观点。

（1）问题提出。本研究立足于区域经济一体化方兴未艾的现实背景，着眼于空间集聚的视角，以不断推进一体化为目标，研究滇西区域经济一体化的实现路径与机理，同时为云南省区域之间的产业合作、市场一体化与经济发展的收敛提供理论探讨。

（2）本研究所涉及的区域。

（3）滇西地区的异质性特征。

（4）研究的框架结构安排。

（5）研究的思路与主要方法。

（6）研究的创新点。

（7）主要观点。

第二部分，区域经济一体化：文献综述与空间集聚视角下的理论逻辑。

（1）要素流动、产业集聚与空间集聚的概念与内涵。

（2）区域经济一体化的定义和组织形式。

（3）区域经济一体化理论。

（4）要素流动理论。

（5）空间集聚理论。

（6）要素流动、空间集聚与区域经济一体化的研究框架。

（7）滇西区域经济研究已有文献的回顾与评述，探讨现有研究的进展和不足，确定进一步研究的路径和方向。

第三部分，空间集聚视角下的滇西区域经济一体化：模型构建与指标选择。

（1）区域经济一体化水平测度。采用相对价格法来测度区域经济一体化的水平。

（2）基本模型的设定、变量设计与指标选择。选择名义GDP指标来反映空间集聚程度，选择贸易依存度、交通运输条件、客流强度指数、货物流强度指数等相应的指标来反映各地之间人口要素流动和动态实物资本流动的强度和变化以及要素流动的自由程度，通过对这些要素流的测度来刻画要素空间集聚的演进过程，并构建相应的计量模型来刻画要素流动、空间集聚与区域经济一体化互动发展的机理。

第四部分，空间集聚视角下的滇西区域经济一体化：实证研究。

（1）滇西区域经济一体化水平测度。

（2）计量模型、数据、描述性统计及模型修正。

（3）计量结果分析。

第五部分，空间集聚视角下的滇西区域经济一体化：发展机遇与面临的挑战。

（1）滇西区域经济一体化的发展机遇。空前的优惠政策使滇西区域经济的发展获得了新的机遇，受到了前所未有的关注；空间区位的变迁使滇西区域经济的发展获得了前所未有的机遇；我国经济能量的加速溢出为滇西区域经济的发展提供了新的机遇。

（2）滇西区域经济一体化面临的挑战。十分低下的经济密度使滇西地区的空间集聚力变得十分弱小；滇西地区的内生发展能力仍然不能满足实现区域收敛进而实现一体化的要求；大理的发展水平与区域经济中心的定位还有相当的差距；滇西地区较远的经济距离，迟滞了要素的流动；滇西地区严重的区域分割，阻碍了要素的自由流动。

第六部分，空间集聚视角下的滇西次区域的整合：滇西北一体化。

（1）文献回顾。

（2）变量设计、指标选择与模型设定。

（3）基于滇西北地区的实证分析。

第七部分，空间集聚视角下的滇西次区域的整合：滇西南一体化。

（1）文献回顾。

（2）变量设计、指标选择与模型设定。

（3）基于滇西南地区的实证分析。

第八部分，空间集聚视角下的滇西城市经济一体化：丽江大理案例。

（1）文献回顾。

（2）研究设计。

（3）基于丽江大理的实证分析。

（4）推进丽江大理城市经济一体化的政策措施。

第九部分，空间集聚视角下的滇西城市经济一体化：大理保山案例。

（1）文献回顾。

（2）变量设计、指标选择与模型设定。

（3）基于大理保山的实证分析。

（4）推进大理保山城市经济一体化的政策安排。

第十部分，空间集聚视角下的滇西与域外地区的区域经济一体化：丽江攀枝花案例。

（1）文献回顾。

（2）模型构建与指标选择。

（3）要素流动、空间集聚与区域经济一体化：基于丽江、攀枝花的实证分析。

(4) 基于要素流动、空间集聚视角推进丽江与攀枝花区域经济一体化的对策研究。

第十一部分，基于空间集聚视角加快滇西区域经济一体化进程的对策研究。基于实证结果，明确推进滇西区域经济一体化的发展战略、路径、方向与任务。基于要素流动、空间集聚与区域经济一体化互动发展的作用机理，提出滇西各地互利发展，推进区域经济一体化的激励与规制政策。

(1) 滇西区域经济一体化合作的重点领域选择。

(2) 推进滇西区域经济一体化的基本路径。

(3) 滇西区域经济一体化的合作政策安排。

(四) 研究的思路与主要方法

1. 研究思路及方法

文献研究：在重点对区域经济学、空间经济学和中国特色社会主义理论等理论文献进行研究的基础上，运用归纳法、区域分析法，探索建立要素流动、空间集聚与区域经济一体化的综合分析框架；在广泛参考国内区域经济一体化实践和实证研究文献的基础上，运用引证法，分析提炼出关于滇西区域经济一体化进程与特点的研究报告；在重点参考长三角区域经济一体化、成渝经济一体化等现实经济问题研究文献和收集整理数据的基础上，运用相关性检验等计量分析法，研究形成关于要素流动、空间集聚与区域经济一体化的基本理论体系和基本观点。

调查研究：运用访谈等调查法和制度分析、政策分析等研究方法，对滇西各地进行实地调研，重点调查研究一体化进程对各地经济发展的影响等。

案例研究：选择典型案例，并基于案例内与案例间的逻辑论点，检验与完善作用机理。

验证和修订：根据调研结果验证、修订前期研究形成的基本理论和基本观点。

专家咨询和再研究：就课题初期成果邀请相关领域的专家进行咨询，根据专家意见展开再研究，形成最终研究成果。

2. 研究的技术路线

研究的技术路线如图 1-1 所示。

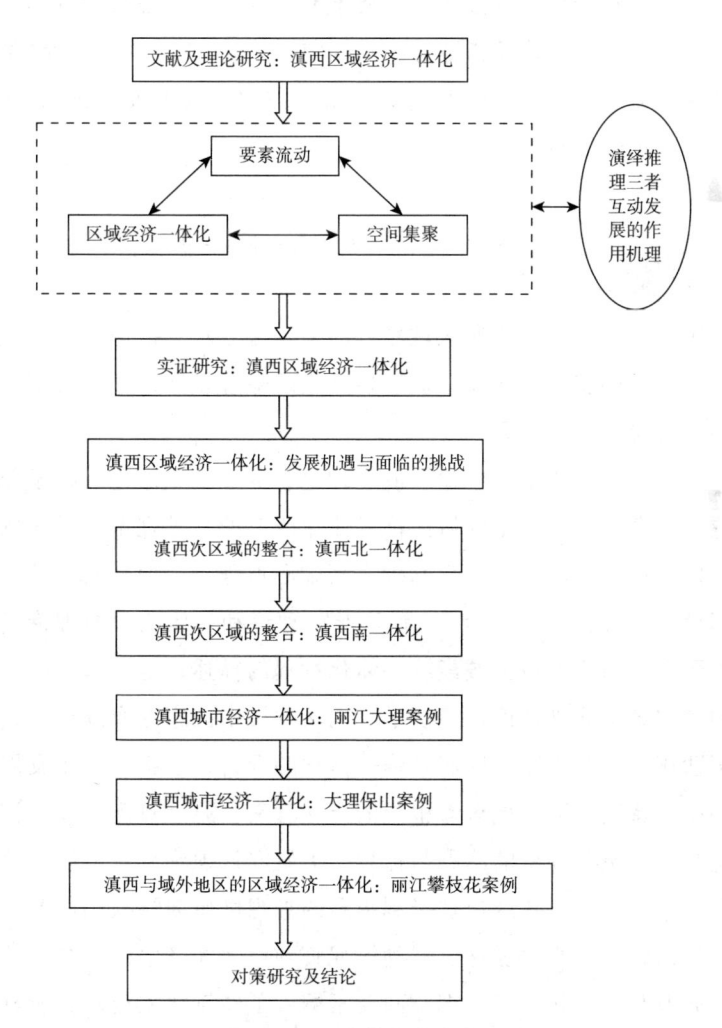

```
                  ┌─────────────────────────────────────┐
                  │  文献及理论研究：滇西区域经济一体化  │
                  └─────────────────────────────────────┘
                                    ↓
        ┌───────────────────────────────────────┐
        │            ┌──────────┐                │        ┌──────────┐
        │            │ 要素流动 │                │        │ 演绎推理 │
        │           ↗└──────────┘↘               │        │ 三者互动 │
        │   ┌──────────────┐  ┌──────────┐      │ ←→    │ 发展的作 │
        │   │ 区域经济一体化│←→│ 空间集聚 │      │        │ 用机理   │
        │   └──────────────┘  └──────────┘      │        └──────────┘
        └───────────────────────────────────────┘
                                    ↓
                  ┌─────────────────────────────────────┐
                  │  实证研究：滇西区域经济一体化        │
                  └─────────────────────────────────────┘
                                    ↓
                  ┌─────────────────────────────────────┐
                  │ 滇西区域经济一体化：发展机遇与面临的挑战 │
                  └─────────────────────────────────────┘
                                    ↓
                  ┌─────────────────────────────────────┐
                  │  滇西次区域的整合：滇西北一体化       │
                  └─────────────────────────────────────┘
                                    ↓
                  ┌─────────────────────────────────────┐
                  │  滇西次区域的整合：滇西南一体化       │
                  └─────────────────────────────────────┘
                                    ↓
                  ┌─────────────────────────────────────┐
                  │  滇西城市经济一体化：丽江大理案例     │
                  └─────────────────────────────────────┘
                                    ↓
                  ┌─────────────────────────────────────┐
                  │  滇西城市经济一体化：大理保山案例     │
                  └─────────────────────────────────────┘
                                    ↓
                  ┌─────────────────────────────────────┐
                  │ 滇西与域外地区的区域经济一体化：丽江攀枝花案例 │
                  └─────────────────────────────────────┘
                                    ↓
                  ┌─────────────────────────────────────┐
                  │           对策研究及结论             │
                  └─────────────────────────────────────┘
```

图 1-1 研究的技术路线图

（五）研究的创新点

第一，本研究从空间集聚的视角出发，研究滇西区域经济一体化，这可为云南省区域之间的产业合作、市场一体化与经济发展的收敛提供新的思路，研究视角新颖。

第二，本研究通过分析人口要素流动强度、动态实物资本流动强度、区域经济一体化指数等相关问题，并建立相应的计量模型来刻画要素流动、空间集聚与区域经济一体化互动发展的作用机理，研究内容也较为新颖。

三 本研究想表达的主要观点

第一，积极推进滇西区域经济的一体化，对于推进云南区域经济的整合进而实现一体化，促进各民族的融合发展，维护我国边疆的稳定有着重要的意义。

第二，绝对成本论、比较成本理论、资源禀赋理论、技术差距理论和地理分工理论是区域经济一体化研究的基础理论，是区域经济一体化得以开展的动力学基础，而中心地理论、增长极理论、极化理论、核心—边缘理论、"倒 U 形"理论和一体化阶段理论是从空间形态、结构上对区域经济一体化过程的描述，是区域经济一体化的空间结构演进理论。经济学者们从发展中国家的实际出发，提出了适用于发展中国家区域经济一体化的理论，这将对处于发展阶段的中国特别是滇西地区有很强的指导意义。通过对现有要素流动理论和空间集聚理论的回顾与梳理，本研究认识到从古典区位论到区域科学，均未对从区位选择到集聚的思想做更为深入的研究和探索，反而将其逐步边缘化。这种情况直到空间经济学诞生之后才得以彻底改观。空间经济学把空间要素纳入了经济学主流的分析框架之中，建立了以具有很强现实性的不完全竞争、报酬递增和"冰山成本"为基础的、近乎完美的严谨的数理经济学理论模型，为滇西区域经济一体化的进程提供了很好的分析框架和研究方法。空间集聚和区域经济一体化实质上是空间经济结构在演进过程中不同时期的具体表现，而促成这种空间经济结构演进的主要动力是要素流动，其实现形式是区域经济合作。滇西地区不仅是内陆边疆地区，而且是集中连片特困地区和少数民族集聚区，还是高原多山、地质灾害频发地区，这些异质性特征将必然对滇西地区的要素流动和区域经济合作产生特殊的影响，从而将对空间经济结构的演进产生影响，并最终影响滇西地区的空间集聚和区域经济一体化进程。因此，研究解决上述异质性特征所带来的各种问题的过程实质上就是构建滇西区域经济一体化理论的过程，这也将为丰富一体化理论提供有益的补充。

第三，对滇西区域经济的研究还有待加强，特别是对滇西区域经济一体化问题的研究还需要进一步的深入。对滇西区域经济的研究之所以在近几年才逐渐被理论界和学术界所关注，并不是研究者有意忽视，更重要的原因是滇西地区发展到现阶段的现实背景。从我国对区域经济一体化的研究来看，学术界对一区域的关注程度与该区域所处的发展阶段以及该区域的整合程度密切相关，例如长三角地区处于更高的发展阶段，其区域经济整合程度较高，学术界自然对其的关注度也就较高。

第四，通过对滇西区域经济一体化进行的实证研究，我们发现：（1）在考察期内，区域经济一体化指数滞后项的参数估计结果没有通过显著性检验，这表明滇西地区上一期的区域经济一体化指数对下一期的区域经济一体化的延续性影响没有产生或者趋于减弱，影响并不大；（2）在考察期内，GDP 的参数估计结果没有通过显著性检验，但 GDP 滞后项的参数估计结果通过了显著性水平为 0.05 的显著性检验且显著为负，这表明在同一时期内，GDP 不是推进滇西区域经济一体化的主要原因，而 GDP 对滇西区域经济一体化的影响存在时滞效应，具有一定的延续性，其影响是长期性的而不是短期性的；（3）在考察期内，贸易依存度的参数估计结果通过了显著性检验且显著为负,这表明滇西地区贸易依存度越高,越能提高区域经济一体化的水平;(4)在考察期内,交通运输条件的参数估计结果没有通过显著性检验,这表明交通运输条件不是推进滇西区域经济一体化的主要原因,这与经济理论上的认识并不一致。产生这样的结果,一方面可能是由研究方法的选择、数据的缺乏、指标选择等可能的问题导致的;另一方面可能是滇西地区的某些特殊性和关系数据所具有的某些局限性以及模型中其他因素的影响所造成的;(5)在考察期内,人口要素流动强度的参数估计结果通过了显著性水平为 0.1 的显著性检验,实物资本流动强度的参数估计结果通过了显著性水平为 0.01 的显著性检验,这表明人口要素流动强度和实物资本流动强度的增强有助于提升滇西区域经济一体化的水平。

第五,空前的优惠政策的叠加、空间区位的变迁以及中国经济能量的加速溢出为滇西区域经济的发展提供了前所未有的机遇,与此同时十分低下的经济密度、薄弱的内生发展能力、较远的经济距离、严重的区域分割以及大理的现实与其区域经济中心定位的差距都给滇西区域经济一体化带来了严峻的挑战。

第六,通过对滇西各次区域经济一体化、滇西城市经济一体化以及滇西与域外地区的区域经济一体化的研究,我们可以得出滇西区域经济一体化的发展路径,主要可以分为两个阶段,第一阶段是整个滇西地区分成以丽江为核心的包含迪庆、怒江的滇西北和以保山为核心的包含临沧、德宏的滇西南两个次区域,并以次区域的中心城市为核心,不断实现次区域自身的整合,最终实现次区域的经济一体化;第二阶段是在各次区域实现经济一体化的基础上,充分发挥大理作为滇西区域经济中心的作用,推进整个滇西地区的整合,并通过不断的发展,最终实现滇西区域经济的一体化。

第七,就滇西区域经济合作的重点领域而言,可以选择对外贸易、旅游、能源、矿产资源开发以及现代生物制药等领域展开合作;就推进滇西区域经济一体化的基本路径而言,可以通过构建区域增长中心，提升滇西地区的经济密度，不断增强空间集聚力，可以通过构建国际产业带来缩小滇西各地区的经济距离，还可以建立跨境经济合作区来弱化滇西地区的分割；就滇西区域经济一体化的合作政策安排而言，政策重点应当从缩短经济距离、提高经济密度和减少经济分割的角度展开，短期内应该以缩短经济距离政策为主，政策的关键是改善滇西地区的基础设施条件，而长期内则应以提高经济密度、减少经济分割的政策为主，政策的关键是提升滇西地区的内生发展能力。

第二章　区域经济一体化：文献综述与空间集聚视角下的理论逻辑

一　要素流动、产业集聚与空间集聚的概念与内涵

（一）要素流动

要素无论在社会科学领域还是在自然科学领域都是一个内涵非常丰富的概念。经济学上，威廉·配第在其著作《赋税论》中第一次对要素进行了阐述，认为财富价值的形成是土地和劳动共同作用的结果。① 法国著名经济学家让·巴蒂斯特·萨伊也在其著作《政治经济学概论》一书中提出了相似的结论，认为价值是自然界中提供的各种要素、资本以及人类的劳动联合作用的结果。② 这样，生产要素包括了劳动、土地和资本。后来，著名经济学家马歇尔在其代表性著作《经济学原理》一书中又增加了一种生产要素即企业家才能，③ 进一步发展成为"生产的四要素"。在此之后，经济学家索洛将"技术"纳入生产函数中，使之成为

---

① 〔英〕威廉·配第：《赋税论》，马妍译，中国社会科学出版社，2010。
② 〔法〕让·巴蒂斯特·萨伊：《政治经济学概论》，陈福生、陈振骅译，商务印书馆，2010。
③ 〔英〕阿尔弗雷德·马歇尔：《经济学原理》，刘生龙译，中国社会科学出版社，2007。

新的一种生产要素。① 随着知识经济等新经济的兴起和快速发展,信息也被纳入了生产要素之列,逐渐形成了生产要素的"六要素论"。国内对生产要素的研究,较早的是马洪和孙尚清从经济意义的角度对生产要素进行的界定,认为要素是指为了创造新的物质资料所必须付出的各种无形或有形的投入。② 从区域经济学的角度看,区域要素主要有构成区域单元的组成部分和影响区域经济发展的各种要素和资源两类,前者如经济中心、经济网络及经济腹地等,后者则主要包括自然资源、资本、技术、管理、信息和影响发展的区位及环境等。③

在现实世界里,在不同的时期内生产要素的分布在各个国家,甚至是同一个国家的不同地区都不可能是均衡的。生产要素在时空分布的不均衡性决定了生产要素具备流动的特性。这种要素空间分布的不平衡使要素收益在不同的空间存在巨大的差异,进而导致生产要素基于追求要素报酬最大化的动机会发生空间上的移动。要素流动显然是一个为了提升要素的利用效率,寻找最优配置方式的过程,而要素流动的结果就是会导致要素向回报率高的某一特定区域集聚。所以,要素流动和聚集不仅是现代经济活动所特有的资源配置方式,同时还能体现生产要素在经济活动空间中得到优化配置。④

(二) 集聚

集聚是现代经济学中最为激动人心的领域,是空间经济研究的核心。⑤ 德国经济学家阿尔弗雷德·韦伯(Alfred Weber)在其经典

---

① 〔美〕罗伯特·M.索洛:《经济增长理论:一种解说(第2版)》,朱保华译,格致出版社,2015。
② 马洪、孙尚清:《经济与管理大辞典》,中国社会科学出版社,1985。
③ 杜肯堂、戴士根主编《区域经济管理学》,高等教育出版社,2004。
④ 周加来、李刚:《区域经济发展差距:新经济地理、要素流动与经济政策》,《经济理论与经济管理》2008年第9期。
⑤ 梁琦:《分工、集聚与增长》,商务印书馆,2009,第1页。

著作《工业区位论》一书中第一次将集聚引入了经济学领域，他认为区位因素应当分为区域和集聚两种因素，并指出企业家追求的目的是尽可能地减少产品运到市场的费用，当集聚或者劳动力节约的费用抵消了较高的运输费用时，企业家将寻找劳动力成本最低（或较低）、集聚经济效益最大的区位。韦伯进一步指出，集聚可以分为初级和高级两种阶段：初级阶段就是只通过企业自身扩张而产生集聚优势的阶段；高级阶段就是各个企业通过相互联系的组织而实现地方工业化的阶段。① 在韦伯研究的基础上，美国区域经济学家埃德加·M. 胡佛（Edgar Malone Hoover）做了进一步的拓展，胡佛在其 1937 年发表的论文《区位理论与靴鞋和皮革工业》中分析了不同经济发展阶段的区位结构问题，认为经济集聚有经济本地化、城市化经济和内部规模报酬三种类型。② 1940 年，德国经济学家奥古斯特·勒施（August Losch）在其著作《经济的空间秩序》一书中对区位理论、经济区论和贸易理论进行了全面系统的阐述，将运输网络中的"中心地区"的服务区位、贸易流量问题纳入了既有的分析框架之中，推导出在人口、资源分布既定的条件下规模经济差异导致了集聚现象。③ 近 20 年来，新经济地理学的兴起和发展在对集聚的理论解释方面取得突破性的进展，获得了巨大的成功。一般认为，集聚的初始条件是地理位置和历史优势，规模报酬递增和正反馈效应导致了集聚的进一步自我强化，使优势地区能够保持领先。④

（三）产业集聚

集聚最初分析的对象主要是产业集聚（Weber, 1909; Isard,

---

① 〔德〕阿尔弗雷德·韦伯：《工业区位论》，李刚剑等译，商务印书馆，1997。
② Hoover, E. M. *The Location of Economic Activity*. New York: McGraw-Hill, 1948.
③ 〔德〕奥古斯特·勒施：《经济空间秩序》，王守礼译，商务印书馆，1995。
④ 金煜、陈钊、陆铭：《中国的地区工业集聚：经济地理、新经济地理与经济政策》，《经济研究》2006 年第 4 期。

1956）。马歇尔（1920）有关贸易的理论中就有关于专业化的论述，认为产业集群就是指一组相同的产业部门在某个特定区域内的集中。[1] 茨扎曼斯凯最早提出了产业集群的概念，认为产业集群是指一簇在商品和服务上以及联系上比国民经济其他部门联系更强而且空间上邻近的产业，还通过对主要商品和服务的分析，定义了产业联系、产业本地化复杂性，认为产业联系是无法被准确描述及刻画的。[2][3] 1990年，美国学者迈克尔·波特（Michael E. Porter）在其著作《国家竞争优势》一书中对产业集群下了定义。[4] 在之后的1998年，波特在其发表的论文《集群与新经济竞争》中进一步阐述了产业集群的含义，认为产业集群是某一特定领域内密切联系的、地理上集中的公司及机构的集合，包括能对竞争起重要作用的、相互联系的经济实体，还可以延伸到销售渠道的客户或从侧面拓展至辅助性产品制造商，包括与技能技术或投入相关的公司，还包括提供专业培训、信息、教育以及技术支持的政府及其他有关机构。[5] 产业集聚是指产业在空间上集中分布的情形。一般情况下，在某个适宜的区域范围内，同属某一产业的若干企业，以及为这些企业配套的上下游企业，还有与其相关的服务业高度集中，要素不断向这一特定空间汇聚，从而形成了产业集聚。[6]

---

[1] 〔英〕阿尔弗雷德·马歇尔：《经济学原理》，刘生龙译，中国社会科学出版社，2007。
[2] Czamanski, S. Study of Clustering of Industries. Halifax, Nova Scotia, Canada: Institute of Public Affairs, Dalbousie University, 1974.
[3] Czamanski and L. A. de Q. Ablas. Identification of Industrial Clusters and Complexes: A Comparison of Methods and Findings. *Urban Studies*, 1978 (16): 61-80.
[4] Porter, M. E. *The Concept and Comparative Advantage of Nations*. New York: Free Press, 1990.
[5] Porter, M. E. Clusters and the New Economics of Competition. *Harvard Business Review*, 1998, December: 77-90.
[6] 刘乃全：《空间集聚论》，上海财经大学出版社，2012，第3页。

(四) 空间集聚

从现有文献看,分析人口、产业等在空间上集聚的文献占了绝大多数,而直接给出空间集聚概念的文献则很少。通过对现有理论的进一步梳理,以及对空间这一概念的理解我们发现,一般认为空间集聚是指产业、企业、资本、人口、制度、文化等各种有形或者无形的要素向某一特定区位或尺度的空间(如区域、城市、园区等)集中的情形。与产业集聚所强调的不同,空间集聚更加强调空间作为一种资源的客观存在形式和价值,更为关注集聚所产生的复杂系统的承载空间(如区域、城市等)。空间有着哲学、数学、地理和虚拟与现实不同维度、不同层面的定义,所以相对于产业集聚,空间集聚的内涵更为丰富。[①] 影响空间集聚的有运输成本、规模经济和马歇尔外部性三个基本因素。[②] 从新古典区位理论到新经济地理学一直将运输成本视为其理论研究的决定性变量,而运输成本是通过改变经济集聚的向心力和离心力,最终影响经济活动的空间分布的。尽管技术进步会降低运输成本,但并没能降低运输成本这一因素在经济活动中的重要作用。[③] 规模经济可分为技术上的规模经济和金融上的规模经济两类,但只要存在收益递增,无论是内生还是外生,必然会激发厂商的集中(梁琦,2003)。马歇尔(1890;1961)认为劳动力"蓄水池"效应、中间投入品和生产性服务的规模经济、专业技术和知识的外溢效应这三个方面的外部性是集聚经济的主要来源,[④] 因此马歇尔外部性是影响空间集聚的基本因素之一。

[①] 刘乃全:《空间集聚论》,上海财经大学出版社,2012,第3页。
[②] 梁琦:《空间集聚的基本因素考察》,《衡阳师范学院学报》(社会科学) 2003年第5期。
[③] 李爱国、黄建宏:《运输成本对空间经济集聚与扩散活动的影响》,《求索》2006年第7期。
[④] 韩峰、柯善咨:《追踪我国制造业集聚的空间来源:基于马歇尔外部性与新经济地理的综合视角》,《管理世界》2012年第10期。

二 区域经济一体化的定义和组织形式

(一) 区域经济一体化的定义

在经济学中,一体化最初是指基于协定以托拉斯、康采恩、卡特尔等形式表现的企业联合体,可分为竞争者之间合并的水平一体化和供需双方联合的垂直一体化,但最早从"区域"意义层面即"将各个独立的经济区结合成为一个更大的经济区域"上使用"Integration"(即为"一体化",原意为"更新")一词的著作是:瑞典经济学家埃利·F. 赫克歇尔(Heckscher Eli F)于1931年出版的《重商主义》(*Mercantilism*)一书。

至今,学术界依然对区域经济一体化没有一个统一的、公认的标准定义。归纳起来,有关区域经济一体化的定义有以下几种代表性的观点。

以荷兰经济学家丁伯根(Jan Tinberben)为代表的作用论。第一届诺贝尔经济学奖得主——著名的一体化经济学家丁伯根——第一次给出了经济一体化的定义,他认为经济一体化是指通过相互协作与统一,在消除了有关阻碍经济有效运行的人为因素后,创造出最适宜的国际经济组织。他从政府促进经济一体化的角度,进一步将经济一体化划分为以消除各种规章制度即打破国与国之间客观存在的阻碍资本、人员等生产要素自由流动的壁垒为主要特征的"消极一体化",和以建立新的规章制度纠正自由市场错误信号并强化自由市场正确信号,进而加强自由市场一体化力量为主要特征的"积极一体化"两种类型。[①]

以美国经济学家贝拉·巴拉萨(Bela Balassa)为代表的过程论、状态论。巴拉萨在其1961年的著作《经济一体化理论》(The

---

① 梁双陆:《边疆经济学:国际区域经济一体化与中国边疆经济发展》,人民出版社,2009,第3页。

Theory of Economic Integration）中对经济一体化做了进一步深入的解释，认为经济一体化既是一种状态（a state of affairs），又是一个过程（a process），是指生产要素和商品的流动不受政府的经济限制。从状态的角度来讲，它表现为国与国之间各种形式的差别待遇的消失，而从过程的角度来讲，它表现为各国经济单位之间各种形式差别待遇的消失。① 巴拉萨对经济一体化的阐释，得到了西方学者的广泛赞同，并被广泛引用，意义深远。

以保罗·斯特里坦（Paul Streeten）为代表的目的论。1961年，斯特里坦指出经济一体化不应该被定义为手段即自由贸易、统一市场、可兑换性、自由化等，而应当定义为目的即平等、自由、繁荣。②

以彼得·罗布森（Peter Robson）为代表的手段论。1980年，罗布森在其著作《国际一体化经济学》中指出国际经济一体化不是目的而是一种手段，其特征主要体现在成员国在某种条件下消除了彼此之间的歧视、对非成员国保持歧视、成员国之间在企图拥有持久的共同特性和限制经济政策工具的单边使用上有着一致的结论等三个方面。③

另外，伴随着珠江三角洲、京津冀、长江三角洲区域经济一体化的风起云涌和不断推进，以及我国学者对上述区域经济一体化研究的不断深入，针对一个国家范围内区域经济一体化的研究也日渐丰富，相关学者对区域经济一体化定义提出了自己的观点。

我国著名的经济学家于光远先生在其主编的《经济大辞典》一书中将区域经济一体化定义为："两个或两个以上的国家在社会再生产的某些领域内实行不同程度的经济联合和共同的经济调节，向

---

① Bela Balassa. *The Theory of Economic Integration*. London：Allen&Unwin，1962.1.
② Paul Streeten. *Economic Integration：Aspects and Problem*. Leyden：A. w. Sijthoff，1961. 16.
③ Peter Robson. *The Economics of International Integration*. London：George Allen & Unwin（Publishers）Ltd. 1980. 2.

第二章 区域经济一体化：文献综述与空间集聚视角下的理论逻辑

结成一体的方向发展。一般根据国家间的协定建立，有共同的机构。"①

孟庆民认为，区域经济一体化是手段与目的、状态与过程的统一，它是指异质空间经济主体之间为了获得生产、贸易、消费等利益，产生的从产品市场、要素市场到经济政策统一的逐步演化。②

谭小平和徐杏认为，区域经济一体化是指地域上较为接近或地理特征相似的地区之间，为实现共同发展而在社会再生产的各个方面，实行共同调控与经济联合，逐步形成一个不受地域限制的产品、要素自由流动的统一区域的动态过程，其目的是消除行政藩篱等产生的各种障碍，并依靠市场来优化资源配置，实现合理分工，不断提升资源使用效率。它包括市场、投资、产业经济、基础设施，以及最终实现的完全的经济一体化。③

陈建军认为，经济一体化主要是指区域经济一体化或者国际经济一体化的概念，是一个过程和状态，其本质特征是分工，是一种实现经济社会目标的手段，包括制度性一体化和非制度性一体化。④

周新宏和沈霁蕾认为，区域经济一体化是指基于自然地域之间的商品流向、经济内在联系、社会发展需要以及民族文化传统而形成的经济联合体。⑤

罗蓉和罗雪中认为，对区域经济一体化应当从两个方面来理解，一方面它是一种动态演变的过程，区域经济系统各元素在这个动态演进的过程中相互影响、相互作用、相互促进，可以产生比分割条件下的经济体更高的运行效率；另一方面它是一种相对稳定的

---

① 于光远：《经济大辞典》，上海辞书出版社，1992，第 1626 页。
② 孟庆民：《区域经济一体化的概念与机制》，《开发研究》2001 年第 2 期。
③ 谭小平、徐杏：《长三角区域经济一体化的态势及运输市场一体化的思考》，《公路运输文摘》2004 年第 6 期。
④ 陈建军：《要素流动、产业转移和区域经济一体化》，浙江大学出版社，2009，第 9~10 页。
⑤ 周新宏、沈霁蕾：《长三角区域经济发展现状及趋势研究》，《经济纵横》2007 年第 4 期。

静态表现,在这一状态条件下,区域经济系统的各单元分工合作、相互依存、联系紧密,具备了比分割条件下的经济体更为优越的特性。[1]

吴福象、曹璐和段巍认为,区域经济一体化是指几个分割的空间组织逐步形成统一的政治、经济制度和伦理体系的过程。空间组织可以是国家,同时它也可以是国家内部的区域。[2]

总之,学术界对区域经济一体化没有形成统一的、标准的定义,但有一点却是共识:区域经济一体化是指两个或多个国家(地区)通过经济的合作,来实现经济的共同发展。本书研究的区域经济一体化主要是指一国内部两个或多个地区之间通过经济合作、发挥各自比较优势,来实现生产要素的自由流动,促进的经济不断融合,实现经济的共同发展。

(二)区域经济一体化的组织形式

区域经济一体化既是一个过程,也是一种目标,又是区域经济发展的一种态势,[3] 它总是以一定的形式存在,其载体是区域经济一体化组织。不同的区域经济一体化组织形式反映了区域经济的一体化程度,同时也反映了区域之间经济干预和联合的深度与广度以及整合的程度。本研究依据李普西在1961年的文献《国际一体化:经济联盟》中提出的经典分类,认为区域经济一体化的组织主要有特惠关税区、自由贸易区、关税同盟、共同市场、经济联盟和完全经济一体化六种形式。

(1)优惠贸易安排。优惠贸易安排(Preferential Trade Arrangement,PTA),又称特惠关税区,是指签署了贸易条约或者

---

[1] 罗蓉、罗雪中:《论区域经济一体化演进机制及城市主导作用》,《社会科学战线》2009年第9期。
[2] 吴福象、曹璐、段巍:《经济效率、空间公平与区域一体化》,《天津社会科学》2015年第4期。
[3] 陈建军:《要素流动、产业转移和区域经济一体化》,浙江大学出版社,2009,第11页。

协定的成员国之间对来自成员国的全部或部分商品实行关税优惠，而对来自非成员国的商品，各成员国依据自己的关税政策实行进口限制的一种安排，是区域经济一体化所有组织形式中最为松散、最为低级的一种组织形式。由于在这一形式下，各成员国对来自非成员国商品的关税等政策待遇存在差异，故许多学者并不同意将优惠贸易安排列进区域经济一体化组织形式的清单之中。但本研究认为，优惠贸易安排一旦形成，将对成员国之间制定商品贸易政策产生一定程度的约束，任何成员国都不能独立地增加商品进口的限制措施，从而导致了商品贸易自由度的提高，因而优惠贸易安排显然也是一种经济政策和措施的统一。

历史上，欧洲钢煤共同体和非洲木材组织是较为典型的优惠贸易安排。欧洲钢煤共同体于1951年4月通过《巴黎条约》成立，并于1952年7月23日生效。根据条约规定，成员国之间无须缴纳关税而可以直接获得煤、钢等生产资料。非洲木材组织于1976年5月成立，这一组织的宗旨和主要任务：一是协调成员国木材生产、出口和销售方面的政策，强化成员国之间的合作；二是促进成员国之间有关林业问题的信息交流；三是制定并实行森林资源开发利用与管理保护并重的长远战略，为促进可持续发展和就业、改善人民生活做贡献。

（2）自由贸易区。自由贸易区（Free Trade Area，FTA）是指成员国之间通过签署自由贸易协定而相互彻底取消商品贸易中的关税及数量的限制，并最终实现商品在成员国之间的自由流动，但各成员依然保持对来自非成员国进口商品的限制政策。

最为典型的自由贸易区就是北美自由贸易区。1994年，美国、加拿大和墨西哥三国成立了北美自由贸易区，这一组织的宗旨主要有：一是构建解决贸易争端和执行协定的有效机制，促进三边及多边合作；二是保护知识产权；三是取消贸易壁垒；四是创造公平的条件，增加投资机会。北美自由贸易区的成立以及不断发展对北美三国经济乃至世界经济都产生了重大而深远的影响。

(3) 关税同盟。关税同盟（Customs Union, CU）是指成员国之间完全取消商品贸易中的关税及数量限制，完全实现商品在同盟内部各成员国之间的自由流动。更为重要的是，成员国对于来自同盟以外国家的进口商品建立并实施统一的关税制度，形成统一的对外贸易政策。关税同盟撤除了成员国原有的关境，形成了统一的对外关境，这不但排除了对非成员国商品的竞争，还实现了成员国之间商品的自由流动，因而关税同盟开始产生超国家的性质，是实现完全经济一体化的基础。

东非共同体是较为典型的关税同盟。坦桑尼亚、肯尼亚、乌干达三国基于共同的斯瓦希里文化背景于1967年组成了统一的经济互助合作体即东非共同体，经历解体、恢复及新成员加入之后，于2005年正式成立了东非关税同盟。该组织从加强海关管理、推动贸易便利化、加强税收管理、促进边境组织的合作与协调、放宽市场准入等方面推动和加强关税同盟的建设，其目标是推动共同市场发展，进而建立货币同盟，并最终实现政治联盟。[①]

(4) 共同市场。共同市场（Common Market, CM）是指成员国之间废除了在商品贸易方面的关税和数量限制，实现了商品在共同市场内部的自由流动，并建立了统一的对外关税制度。它具备了关税同盟的一切特征，更重要的是还实现了资本、劳动力等生产要素在共同市场内部各成员国之间的自由流动。

从历史上看，较为典型的共同市场是欧洲共同体和安第斯共同体。1992年，欧洲共同体建成了统一的大市场，其主要内容是在成员国之间实现了商品、资本、劳务、人员的自由流动。安第斯共同体于1969年成立，成员国为哥伦比亚、秘鲁、智利、玻利维亚及厄瓜多尔，后智利退出，委内瑞拉加入。就影响力而言，欧洲共同体要大于安第斯共同体，很大的原因是欧洲的经济发展水平要高

---

① 武芳、田伊霖、王婷：《东非共同体发展成效和问题研究》，《国际经济合作》2013年第12期。

于拉美国家，其对世界经济的影响也要大得多。

（5）经济联盟。经济联盟（Economic Union，EU）是指成员国之间不仅实现了商品的自由流动，还实现了资本、人员、劳务等其他生产要素的自由流动，并且还建立了统一的对外关税政策和通商政策，同时还要求成员国实行更统一的货币政策、财政政策、产业政策等经济政策和社会政策。

理论上，对于在多大经济政策范围内实现统一才是经济联盟，其界限还没有被明确界定。但是，一个重要的共识是成员国之间要有统一的中央银行、共同的外汇储备以及单一的货币及统一的货币政策。放眼当今世界，也只有欧洲联盟达到了这一阶段。

（6）完全经济一体化。完全经济一体化（Complete Economic Integration，CEI）是指各成员国在经济联盟的基础上，实行完全统一的经济和社会政策，使各成员国在经济上形成单一的经济实体，同时在政治上不断推进联合，建成政治经济统一体，这一政治经济统一体的超国家机构有着全部的经济政策制定权和管理权。因此完全经济一体化是区域经济一体化的最高级的组织形式。到目前为止，世界上尚不存在此类区域经济一体化的组织，只有欧盟为了实现这一目标在努力。

为了方便比较，表 2-1 中详细列出了区域经济一体化的六种组织形式的主要特征及其区别。

表 2-1 区域经济一体化主要组织形式的比较

组织形式	优惠关税	商品的自由流动	共同对外关税	生产要素的自由流动	经济政策的协调	超国家经济组织
优惠贸易安排	√					
自由贸易区	√	√				
关税同盟	√	√	√			
共同市场	√	√	√	√		

续表

组织形式	优惠关税	商品的自由流动	共同对外关税	生产要素的自由流动	经济政策的协调	超国家经济组织
经济同盟	√	√	√	√	√	
完全经济一体化	√	√	√	√	√	√

资料来源：梁双陆：《边疆经济学：国际区域经济一体化与中国边疆经济发展》，人民出版社，2009，第7页。

上述区域经济一体化的六种组织形式按照从优惠贸易安排到完全经济一体化的顺序排列，是由低级到高级的顺序排列的，其原因在于上一级的一体化组织包含了下一级一体化组织的全部特点。但是，要特别指出的是区域经济一体化向纵深发展的过程中并不一定要遵循上述排列的由低级向高级发展的路径。从实践来看，区域经济一体化的起点并非一定就是优惠贸易安排，而某一个区域经济一体化组织也可能同时兼有两种组织形式的某些特征。

本书研究的是滇西区域经济一体化，是同属一个国家内部部分地区的一体化，因此与上述的一体化组织形式所具备的特征自然会存在一些差异。基于这样的理解，本研究认为滇西区域经济一体化有以下几个方面的特征（详见表2-2）：一是并不存在优惠关税、共同对外关税以及超国家经济组织的特征。二是要重点实现商品和生产要素的自由流动。由于在滇西地区存在市场分割等原因，商品和生产要素的流动存在障碍，自由度不高。三是区域内各州市之间经济政策的协调。经济政策虽然在国家及省级层面上是统一的，但州市层面上的经济政策，由于存在产业同构、吸引外资竞争激烈等原因，难免不协调，甚至竞相出台"以邻为壑"政策的现象还时有发生。[1]

---

[1] 和燕杰、朱桂香、袁花：《长江流域经济一体化：理论与实践》，云南大学出版社，2013，第9页。

表 2-2　滇西区域经济一体化的主要特征

特征 	优惠关税	商品的自由流动	共同对外关税	生产要素的自由流动	经济政策的协调	超国家经济组织
滇西区域经济一体化	—	√	—	√	√	—

三　区域经济一体化理论

研究区域经济一体化问题的一个重要前提就是要梳理好理论来源，构建好理论基础。本研究将从区域经济一体化的基础理论、区域经济一体化的空间结构演进理论以及发展中国家的区域经济一体化理论三个方面来讨论滇西区域经济一体化的理论基础。

（一）区域经济一体化的基础理论

1. 绝对成本理论

英国古典经济学家亚当·斯密在其历史性巨著《国民财富的性质和原因的研究》一书中提出并详细阐述了绝对成本理论。斯密以制针业为例论证了分工可以提高劳动生产率进而增加国民财富的观点，还进一步论证了地域分工的合理性。亚当·斯密认为，由于每一个国家或者地区有着适于某些特定产品且对其绝对有利的生产条件，进而导致这个国家或地区生产这些产品的成本绝对低廉，因此只要每一个国家或地区专门生产那些成本绝对低廉的产品并进行贸易交换，那么各个国家或地区的资源、资本、劳动将得到最为有效的利用，并能提高劳动生产率，增加社会财富。[①] 由此可见，一个国家内部各个地区之间只要进行合理的地域分工并进行充分合作，必然带来各个地区福利的增加，实现各地区的共赢发展。亚当·斯密绝对成本理论的进步意义在于深刻地指出了分工对提高劳动生产

---

① 〔英〕亚当·斯密：《国民财富的性质和原因的研究》，郭大力、王亚楠译，商务印书馆，1988，第 25 页。

率的巨大作用，并在人类历史上第一次从劳动分工原理出发论证了贸易互利性原理，还克服了重商主义学者认为贸易只对单方面有利的局限性。绝对成本理论成功地解决了在具备不同优势的国家或地区之间进行分工和交换的合理性，但对各方面都处于绝对优势的一国或地区和各方面都处于绝对劣势的一国或地区之间的分工以及贸易的情况并没有给出解决的方法。

2. 比较成本理论

英国古典经济学家大卫·李嘉图继承和进一步发展了亚当·斯密的绝对成本理论，第一次提出了比较成本理论，很好地解决了绝对成本理论关于一方处于绝对优势，而另一方处于绝对劣势情况下分工和贸易的问题。该理论认为产生国际贸易的基础并不只限于生产技术的绝对差别，哪怕各国之间只存在生产技术上的相对差别，生产成本和产品价格的相对差别也会产生，从而各国会在不同的产品上具有比较优势，最终使国际分工和国际贸易的产生成为可能，并使各国获得比较利益。这一理论的核心思想就是要出口相对有利的产品，进口相对不利的产品，即是我们通常所讲的比较成本原理，而"两害相权取其轻，两利相权取其重"的优选法则是比较成本的本质。比较成本理论分析和揭示了国际贸易的互利性、国际分工的必要性，还进一步证明了各国通过出口相对成本较低的产品，进口相对成本较高的产品就可能实现共赢的观点。比较成本理论不仅能很好地解释国际贸易和国际分工，也能很好地解释国内地域分工和贸易的情形。①

3. 资源禀赋理论

瑞典经济学家赫克歇尔（Eli F Heckscher）和俄林（Bertil Gotthard Ohlin）继承并进一步发展了大卫·李嘉图的比较优势理论，于20世纪30年代提出了从生产要素丰缺角度解释比较优势根

---

① 〔英〕大卫·李嘉图：《政治经济学及赋税原理》，郭大力、王亚楠译，商务印书馆，2013。

源的要素禀赋理论。1919 年，赫克歇尔在其发表的论文《对外贸易对收入分配的影响》中提出了要素禀赋理论的基本论点：当两个国家各个生产部门技术水平相同时，两国之间生产要素禀赋的差异也会产生不同的比较优势，只要生产不同产品所使用的要素比例不同，就仍然存在分工和贸易的基础。1933 年，赫克歇尔的学生俄林发表了博士论文《地区间贸易与国际贸易》，标志着要素禀赋理论的正式形成。俄林以新古典经济学作为地域分工和国际贸易的理论基础，放弃了古典学派的劳动价值论，用要素禀赋差异产生的价格差异来取代大卫·李嘉图的生产成本差异来进行分析，得出了三个方面的主要结论：其一，某一国或地区应当输出密集使用其相对丰裕资源生产的产品，输入密集使用其相对稀缺资源生产的产品，贸易双方都能因此获利；其二，价格差异是国际或者区域贸易存在的直接原因；其三，商品贸易的结果一般会趋向于消除生产要素收入的国际或区域差别，并最终导致要素价格的均等化。①

4. 技术差距理论

美国经济学家波斯纳（M. Posner）于 1961 年发表的论文《国际贸易与技术变化》提出了技术差距理论。由于在研究技术变动时考虑了时间变量，因此技术差距理论被认为是要素禀赋理论的动态扩展。波斯纳认为工业化国家或区域之间的工业品贸易很大程度上是在技术差距的基础上进行的。在其"两国或两区域模型"中，创新国或区域成功开发出了一种新产品后便拥有了技术领先优势，当本国或区域市场达到饱和以后便开始向模仿国或区域出口该产品。可是，随着国际或区际贸易的不断发展，以及技术合作、对外投资、专利权的转让，模仿国或区域会逐步利用自身劳动力成本相对较低的比较优势，模仿生产该商品并减少进口。这样一来，创新国或区域会逐步丧失模仿国或区域的出口市场，由技术差距产生的国

---

① 〔瑞典〕贝尔蒂尔·俄林：《地区间贸易与国际贸易》，王继祖译，首都经济贸易大学出版社，2001。

际或区际贸易量将逐步减少,并最终趋于完全消失。①

5. 地理分工理论

苏联著名的经济地理学家巴朗斯基运用马克思主义原理,对劳动地域分工进行了阐述,较为系统地提出了地理分工理论。巴朗斯基认为地理分工就是社会分工的空间形式,地理分工主要包括绝对地理分工和相对地理分工两种。所谓绝对地理分工是指由于受到自然条件的约束,某一国或地区完全不能生产某种产品而需要从另一个国家或地区输入。相对地理分工则是指某一国或地区即便能够生产某一产品,但由于生产成本较高,还是会选择输入这种产品。巴朗斯基还认为地理分工发展的动力是经济利益,同时他还提出交通运输技术的进步会使运费得以下降,并能拓宽和加深地理分工的广度和深度。②

(二) 区域经济一体化的空间结构演进理论

1. 中心地理论

1933年,德国区域学家克里斯泰勒(W. Christaller)在其著作《德国南部中心地——关于具有城市职能聚落的分布与发展规律的经济地理学研究》一书中,提出了著名的"中心地理论"。③ 杜能(J. H. von Tunen)的农业区位论和韦伯(A. Weber)的工业区位论对克里斯泰勒产生了重大的影响,是中心地学说的理论基础。克里斯泰勒认为一个存在经济活动的区域要实现发展就必须有自己的核心,而这些核心是由若干大小不同的城镇所组成的。城镇具有商业、教育、文化等不同的服务功能,能为周围的居住单位提供商品和服务。城镇在空间上形成了一种促进区域发展的经济力,而每个

---

① Posner, M. International Trade and Technical Change. Oxford Economic Paper, XIII, 1961.
② 和燕杰、朱桂香、袁花:《长江流域经济一体化:理论与实践》,云南大学出版社,2013,第10页。
③ 沃尔特·克里斯泰勒:《德国南部中心地原理》,常正文、王兴中等译,商务印书馆,2004。

城镇通常都会位于其所服务区域的中央部位,因而被称作"中心地"。中心地的大小以及排列形式具有一定的规律性,城镇等级越低,其数目越多,规模越小,而城镇等级越高,其数目就越少,其规模也就越大。德国经济学家奥古斯特·勒施(August Losch)将中心地理论应用于工业区位研究,成果显著,使中心地理论趋于成熟。①

中心地理论自20世纪40年代诞生以来,逐步得到了各界的认同,特别是20世纪50至60年代荷兰在其围海造地的土地上依据中心地理论设计居民点及交通网络获得极大成功后,得到了区域经济学、地理学、人口学等领域学者的广泛认同。尽管如此,中心地理论的重要贡献并不能掩盖其理论上的局限性:其一,作为一种局部分析,中心地理论忽略了企业之间存在的重要联系,同时也忽略了与居民居住地选择的相互作用;其二,中心地理论认为生产地集中对消费者的区位决策没有影响,但事实上并非如此;其三,在中心地体系中找不到产生变化的动力,事实上市场网络之间的联系并不是固定不变的。②

2. 增长极理论

区域产业增长极。法国经济学家弗朗索瓦·佩鲁(F. Perroux)在其著作《经济空间:理论与应用》③一书中第一次提出了经济空间以及"极"的概念,并在1955年的论文《略论增长极概念》④中对其进行了全面、充分的论述。佩鲁认为增长极是指一种具有创新优势的活动极或产业极。他进一步指出,经济增长并不会同时出现在所有的产业部门,而会首先集中在一些具备创新能力的产业部门,并形成经济发展的核心。佩鲁认为增长极的形成需要具备有一

---

① 张敦富主编《区域经济学原理》,中国轻工业出版社,1999,第60~61页。
② 陈秀山、张可云:《区域经济理论》,商务印书馆,2003,第84~85页。
③ Perroux, Francois. Economic Spaces: Theory and Application. *Quarterly Journal of Economics*, 1950 (1): 89-104.
④ 〔法〕弗朗索瓦·佩鲁:《略论增长极概念》,《经济学译丛》1988年第9期。

批具有创新能力的企业及企业家、具有规模经济效益和具有良好投资和生产环境等三个条件,还认为经济单位的增长极是与主导产业密切联系的。

区域空间增长极。1966年,法国经济学家布代维尔(J. R. Boudeville)发表了《区域经济学规划问题》一书。① 布代维尔重新定义并探讨了空间的含义,进一步拓展了佩鲁的理论,将原来的抽象空间转换为了具象的地理空间,并更加强调了增长极的空间特征。布代维尔认为创新主要集中在城市的主导产业中,主导产业所在的城市就是增长极,而增长极能够通过扩散效应带动其腹地不断发展。布代维尔还进一步把佩鲁提出的抽象经济空间分成了均质区域、极化区域和计划区域三个部分。这种划分方式实质上是将增长极划分为两种:一是受市场机制支配并自发形成的极化区域;二是受计划机制诱导形成的计划区域。布代维尔还认为特别是那些地域辽阔而发展极不平衡的国家需要政府的干预政策来培育一些新的增长极。

3. 极化理论

极化理论是在与新古典理论不断争论的过程中产生并逐步形成的,是自身带有共同特点的各种论据的一个综合,并非是一个封闭、一成不变的理论体系。② 20世纪50年代,瑞典经济学家缪尔达尔(G. Myrdal)和德国经济学家赫尔希曼(A. O. Hirschman)分别提出了区域经济空间两极分化理论,即极化理论。缪尔达尔和赫尔希曼认为由于外部效应、规模收益、垄断以及寡头的市场结构等,偶然经济增长的刺激会使未来增长的机会趋于改善,偶然经济增长的障碍也会使未来增长的机会前景黯淡。

---

① Boudeville, J. R. *Problems of Regional Economic Planning*. Edinburgh University Press, 1966.
② 陈秀山、张可云:《区域经济理论》,商务印书馆,2003,第195~196页。

第二章 区域经济一体化：文献综述与空间集聚视角下的理论逻辑

缪尔达尔在其1957年的著作《经济理论和不发达地区》[①]及1968年的著作《亚洲的戏剧：对一些国家贫困问题的研究》[②]中提出了扩散效应和回流效应：所谓扩散效应指的是增长极对周围落后地区的推动作用，这种推动作用能促使生产要素从增长极向周围落后地区扩散，从而能产生收敛增长极与周围落后地区之间发展差距的动态趋势；所谓回流效应指的是增长极对周围落后地区发展的阻碍作用，这种作用能促使生产要素向增长极回流和集聚，从而产生扩大增长极与周围落后地区之间发展差距的动态趋势。赫尔希曼则在其1958年的著作《经济发展战略》[③]中提出了"中心与外围区理论"。赫尔希曼认为经济发展不会在各地同时发生，但只要在某一地方出现，那么在巨大的集聚效应的作用下，要素将向这一地方集聚，并使该地方经济得以加速增长，最终形成收入水平较高的中心区。与之相对应的、中心区周围落后的地区则可被称为外围区。中心与外围之间同时存在两种方向不同被赫尔希曼称为渗透效应与极化效应的作用。这两种作用与缪尔达尔所提出的扩散效应和回流效应的机制相类似。在这一进程中，赫尔希曼认为极化效应往往大于渗透效应，使市场的力量拉大了地区之间的差别，因此，他主张通过政府干预来实施中心区培育战略，并在外围区复制增长的条件，而非增强渗透效应的强度。

在区域经济体系中，发展的进程是趋向于均衡还是极化完全取决于扩散效应和回流效应哪种效应更占优势，哪种效应的作用力更强。在此问题上缪尔达尔和赫尔希曼的观点完全不同，缪尔达尔持悲观看法，认为极化效应是主导发展趋向，特别是对于欠发达国家

[①] Myrdal Gunnar. *Economic Theory and Underdeveloped Regions*. Duckworth, Methuen, 1957.

[②] 冈纳·缪尔达尔：《亚洲的戏剧：对一些国家贫困问题的研究》，谭力文、张卫东译，北京经济学院出版社，1992。

[③] 〔美〕艾伯特·赫尔希曼：《经济发展战略》，潘照东、曹征海译，经济科学出版社，1991。

和地区而言更是如此；赫尔希曼则持乐观的看法，认为从长期来看是趋向均衡。①

4. 核心—边缘理论

核心—边缘理论（亦称中心—外围理论）是发展经济学家分析发达国家与欠发达国家之间不平等贸易关系时一系列相关观点的总和，其理论根基是拉美学派的依附理论。区域经济学家在原有理论的基础上引入了核心、边缘的思想和相关分析方法，并融入了地理空间的概念，逐步形成了分析区域间经济发展关系和空间模式的核心—边缘理论。其中，最具有代表性的是美国经济学家弗里德曼（J. R. P. Friedmann）在其1966年的著作《区域发展政策》② 中所阐述的核心—边缘理论。弗里德曼认为，区域发展的实现基于一个不连续但又逐步累积的创新过程，而任何一个国家都是由核心区域和边缘区域构成。核心区域是指技术水平较高、资本集中、人口密集、工业发达且经济增长速度较快的区域，其表现形式是城市集群及其周围地区；边缘区域则是指相较于核心区域经济较为落后的地区。在区域经济发展的进程中，核心—边缘理论认为核心与边缘之间存在核心居于统治地位、边缘依附于核心的不平等的关系。③ 弗里德曼不仅依靠马克思主义传统的发展理论，还依靠拉美学派的发展理论，并通过强调社会过程，将极化理论观点发展成为一个社会转变理论。弗里德曼的主要贡献在于，对区域发展的重视首次超越了经济关系，意识到区域发展不仅是经济发展的过程，它还是一个社会和政治发展的过程。④

5. "倒U形"理论

学术界对于区域经济发展将导致中心与外围之间差异的进一步

---

① 陈秀山、张可云：《区域经济理论》，商务印书馆，2003，第198~202页。
② Friedmann, J. R. P. *Regional Development Policy: a Case Study of Venezuela.* Cambridge: MIT Press, 1966.
③ 张河清、成红波："核心—边缘"理论在南岳衡山区域旅游产品开发中的运用》，《地域研究与开发》2005年第3期。
④ 陈秀山、张可云：《区域经济理论》，商务印书馆，2003，第210~211页。

收敛或者扩大的问题存在巨大的分歧,而分歧的核心是对欠发达区域发展前景的估计。代表性的观点有:赫尔希曼(A. O. Hirschman)坚信可以依靠政府的适当干预使区域发展差距趋于收敛,而缪尔达尔(G. Myrdal)则没有那么乐观,他认为区域非均衡发展的前景只可能是中心与外围之间的差异进一步扩大,其表现是"贫者愈贫,富者愈富"。上述观点都是基于演绎和归纳的方法,通过抽象思考得出的结论,并没有得到实证研究的支持。这种局面直到"倒U形"理论的提出才得以根本改变,它不仅调和了区域均衡发展与不均衡发展的两种对立观点,而且提供了经验研究的实证材料。

美国经济学家威廉姆森(J. G. Williamson)在其1965年发表的论文《区域不平衡与国家发展过程》中提出了"倒U形"理论。威廉姆森利用24个国家的经济统计数据以及英格兰东部长达110年的经济统计数据,运用截面分析和时间序列分析的方法进行分析并得到了两个方面的结果:一是经济发展较成熟的国家区域间不平衡的程度小,处于经济起飞阶段的中等收入国家则区域不平衡的程度极大;二是发达国家的区域间不平衡程度在经济发展的早期阶段逐步扩大,而随着经济成长,其不平衡程度将趋于稳定,最后到了发展的成熟阶段,区域差异会缩小,即发达国家区域间不平衡程度大多经历了递增、稳定和下降三个阶段。图2-1所展现的不同发展阶段区域差异程度的"倒U形"变化模型很好地刻画了这一进程。模型证明:在经济欠发达的时点即图中的A点上,区域经济不平衡程度较低;在经济开始起飞的初始阶段即图中的A点至B点阶段,区域经济不平衡程度逐步扩大;当经济发展进入成熟阶段后,由于全国统一市场的形成,发达地区投资收益递减,要素向欠发达地区回流,区域差异趋于收敛。①

---

① 陈秀山、张可云:《区域经济理论》,商务印书馆,2003,第212~213页。

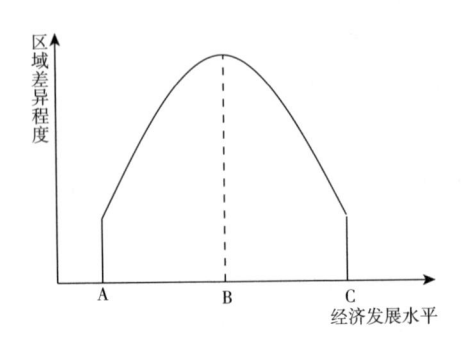

图 2-1　不同发展阶段区域差异程度的"倒 U 形"变化模型

6. 一体化阶段理论

美国经济学家弗里德曼（J. R. P. Friedmann）在其 1966 年的著作《区域发展政策》中较为全面地提出了区域经济一体化演进阶段理论。[①] 弗里德曼借鉴熊彼特（Joseph A. Schumpeter）的创新思想，在缪尔达尔（G. Myrdal）、赫尔希曼（A. O. Hirschman）以及威廉姆森（J. G. Williamson）等人研究的基础上，通过分析拉丁美洲国家区域发展演变的特征，阐明了一个互不关联、孤立发展的区域如何变成互相关联的一体化平衡发展的区域系统的过程。弗里德曼认为，任何一个国家的区域经济系统都是由经济中心区和经济外围区两个子系统组成的。随着区域经济的不断发展，区域经济的空间演进通常会先后经历前工业化阶段、中心—外围第Ⅰ阶段（工业化初期阶段）、中心—外围第Ⅱ阶段（工业化成熟阶段）以及空间经济一体化阶段（后工业化阶段）四个阶段。

要素流动状态的不同使区域经济空间演进的四个阶段具备了不同的阶段性特征（见表 2-3）。这一演进的内在逻辑是中心区通过创新集聚或者要素的扩散来引导和支配外围区，并最终走向区域经济的一体化。

[①] Friedmann, J. R. P. *Regional Development Policy: a Case Study of Venezuela*. Cambridge: MIT Press, 1966.

表 2-3　不同发展阶段的要素流动状态及区域经济特征

	前工业化阶段	中心—外围第Ⅰ阶段	中心—外围第Ⅱ阶段	空间经济一体化阶段
要素流动状态	较少流动	外围区要素大量流入中心区	中心区要素高度集中，开始回流到外围区	资源要素在整个区域内全方位自由流动
区域经济典型特征	已存在若干不同等级的中心，但彼此缺少联系	中心区进入极化进程，少数主导地带迅速膨胀	中心区开始对外扩散，外围区出现较小中心	多核心区形成，少数大城市失去主导地位，城市体系形成

资料来源：陈秀山、张可云：《区域经济理论》，商务印书馆，2003，第 209 页。

（四）发展中国家的区域经济一体化理论

1. 集体自力更生理论

依据区域经济一体化理论，那些参与一体化进程的国家通常都会获得国家利益的增进，无论增进的程度如何，或者能否大于带来的坏处。以欧盟为代表的发达国家区域经济一体化获得的巨大成功，促使发展中国家更为主动积极地参与到当代区域经济一体化的潮流之中。可是，相关实践表明区域经济一体化理论并不能完全适用于发展中国家的情况，存在对发展中国家的现实解释力不足的情况，当然也不能完全照搬照抄。因此，经济学家们针对发展中国家的现实，提出了集体自力更生理论。该理论主要包括两个方面。

其一，结构主义的中心—外围理论。结构主义学者如缪尔达尔（Gurnar Myrdal）、普雷维什（Raul Prebisch）和辛格（Hans Singer）等认为由中心国家（发达国家）和外围国家（发展中国家）构成的现行的国际经济体系是不合理的，因为它对中心国家有利而对外围国家不利。缪尔达尔（Gurnar Myrdal）运用扩散效应与回流效应理论来分析在现行国际经济体系下发展中国家的利弊得失，进一步认为回流效应才是区域经济发展固有的特征，其力量往往要大于扩散效应的力量，经济发展的结果是区域差异的进一步扩大。[1] 普雷维什（Raul Prebisch）将现行的国际经济体系比作宇宙中的星云分布格局，非常形象地阐述了中心—外围理论，认为国际经济的星云是由中心即发达国家和外围即发展中国家组成的，但他认为这种格局只对发达国家有利而对发展中国家不利，故而现行的国际经济体系是不合理的。[2] 因此，结构主义学者认为发展中国家不仅要实施进口替代战略，打破旧有的不合理的国际经济秩序，还要加强南南合作，才能实现共同发展。

其二，激进主义的国际依附理论。相比结构主义的中心—外围理论，激进主义的国际依附理论在对现行国际经济体系的认识问题上要表现得更为激进。学者巴兰（Paul Baran）[3]、阿明（Samir Amin）[4]、弗兰克（Ander Gunder Frank）[5]、卡多佐（F H. Cardoso）[6]、桑克尔（Osualdo Sunkel）[7] 和伊曼纽尔（A. Emmanuel）[8] 等是激进主义发展经济学家的主要代表，他们认为发达国家与发展中国家的关系是前者支配后者，后者则依附于前者并受其剥削的"支配—依附"关系。因此，他们主张发展中国家要实现真正的发展，就必须在其内部进行彻底改革，同时不断推进发展中国家经济的一体化，彻底摆脱对发达国家的依附。

---

[1] Myrdal Gunnar. *Economic Theory and Underdeveloped Regions*. Duckworth, Methuen, 1957.

[2] 〔阿根廷〕劳尔·普雷维什：《外围资本主义：危机与改造》，苏振兴、袁兴昌译，商务印书馆，1990。

[3] Baran, Paul. *The Political Economy of Growth*. New York: Monthly Review Press, 1957: 57.

[4] Amin, Samir. *Accumulation on a World Scale: A Critique of the Theory of Underdevelopment*. New York and London: Monthly Review Press, 1975.

[5] A. G, Frank. *Capitalism and Underdevelopment in Latin America: Historical Studies of Chile and Baril*. New York and London: Monthly Review Press, 1967.

[6] F. H, Cardoso. Dependent Capitalist Development in Latin America. *New Left Review*, 6.

[7] O. Sunkel. National Development Policy and External Dependence in Latin America. *Journal of Development Studies*.

[8] A. Emmanuel. *Unequal Exchange*. New York and London: Monthly Review Press, 1969.

2. 综合发展战略理论

集体自力更生理论尽管对发展中国家的经济一体化产生了重要的影响，但是鲍里斯·塞泽尔基的"综合发展战略理论"被普遍认为是对发展中国家经济一体化做出阐述的最有影响力的理论。[①] 综合发展战略理论的核心思想：一是认为发展中国家区域经济的一体化是一种发展战略；二是一体化的领域不应当仅局限于市场的一体化；三是区域经济一体化的基本领域是生产和基础设施；四是通过区域工业化来提高发展中国家的相互依存程度；五是强调有效的政府干预；六是应当把区域经济一体化当作发展中国家集体自力更生的手段以及按照新秩序逐步变革国际经济体系的要素。[②]

四 要素流动理论

（一）古典经济学家关于要素流动的论述

要素流动的思想最早可以追溯到古典经济学家威廉·配第（William Petty），除配第之外其他古典经济学家如魁奈（Francois Quesnay）、亚当·斯密（Adam Smith）以及大卫·李嘉图（David Ricardo）等人对要素流动都做了精彩的论述。

威廉·配第在其代表作《政治算术》[③] 中，对资本、劳动力流动的成因及其对经济的影响做了极富逻辑性的论述，他认为要发展经济就必须允许资本和劳动力自由流动与迁移；他主张应当允许土地自由买卖，以便能让土地充分流动；同时他还利用算术分析方法来论证人口、资本流动及土地转让的优点，以及对经济带来的积极影响。

---

① 梁双陆、程小军：《国际区域经济一体化理论综述》，《经济问题探索》2007年第1期。
② 布雷达·帕弗里奇等：《南南合作的挑战》，赵穗生译，中国对外经济贸易出版社，1987，第13～24页。
③ 〔英〕威廉·配第：《赋税论》，马妍译，中国社会科学出版社，2010。

重农学派的代表人物、法国经济学家魁奈对要素流动的原因及流动结果的分析比威廉·配第更进了一步。[1] 魁奈认为工资差异是导致劳动力流动的主要因素，同时还认为在大城市里除了能获得高工资以外，可以生活得更好是导致人口流动的主要原因之一。魁奈对农村人口流入城市的原因进行了研究之后，提出了应当允许人们自由流动和迁徙的主张。魁奈还发现了劳动力特别是具备一定技能的劳动力以及资本对于发展一国经济的重要性，并主张要使一国留住人口和资本就应当实施财产保护制度并让人们拥有获得财产的权利。尽管魁奈对要素流动进行了较为深入和具体的分析，但他忽略了下层劳动阶层的流动性问题，也没有发现这一群体的流动对财富增长的贡献。[2]

英国著名经济学家亚当·斯密对要素流动的分析方法与魁奈相比有了很大的不同。斯密以需求为重点并兼顾供给，以分工演进为基础，来分析资本、劳动力流动性问题，并归纳和演绎了影响流动性的原因，使论证严谨、逻辑严密，更符合经济理论的内在机理。[3] 斯密在劳动分工的基础上，通过分析市场的供求关系来分析资本、劳动力的流动性，认为劳动力工资和资本利润由于分工细密程度的不一致而存在差异，这种差异会使资本、劳动力因市场机制的作用产生流动，具体表现为资本、劳动力会从利润及工资低的部门或地区向资本及利润高的部门或地区流动，并最终使利润及工资水平趋近于一致，还认为不管是资本还是劳动力都会从农村向城市流动。斯密还认为，政府能否提供人身安全、人身自由是影响资本、劳动力流动的主要因素。[4]

---

[1] 王亚南等：《资产阶级古典政治经济学选辑》，商务印书馆，1979。
[2] 〔法〕魁奈：《魁奈经济著作选集》，吴斐丹译，商务印书馆，1997，第109、118、124、132、164、167页。
[3] 〔德〕马克思：《资本论》（第一卷），冯文光等译校，中国社会科学出版社，1984。
[4] 〔英〕亚当·斯密：《国民财富的性质和原因的研究》，郭大力、王亚楠译，商务印书馆，1988，第81、91、119、253、381页。

英国著名经济学家大卫·李嘉图对要素流动的研究，十分注重供给与需求两个角度，认为供给与需求分析只适用于短期分析而不适用于长期分析，商品的价格从长期看取决于生产成本。李嘉图以地租理论为切入点，依据土地的特点，分析出了农业部门的劳动力向非农部门流动转移、农村劳动力向城市流动转移的客观规律。[①] 李嘉图有关劳动、资本流动的主要观点可以总结为以下几方面：一是在一国范围内，从短期看，资本、劳动力将由低利润率、低工资的地区向高利润率、高工资的地区流动，并使工资、资本利润率最终在地区之间达成一致；二是农村劳动力将向城市转移；三是工资、资本利润率在国与国之间存在客观差异。[②]

（二）要素价格均等化定理

瑞典经济学家赫克歇尔（Eli F Heckscher）在其 1919 年发表的论文《对外贸易对收入分配的影响》中，提出了在自由贸易和不考虑运输费用等交易费用的条件下，不考虑要素禀赋存量的大小，各贸易国之间的生产要素价格是否会趋向均等的问题。赫克歇尔的学生俄林（Bertil Gotthard Ohlin）对这一问题进行了大量的研究。[③] 萨缪尔森（P. A. Samuelson）则首先证明了要素价格均等化定理（FPE），其主要内容是在要素禀赋变化小于产品要素密集度变化的条件下，两个贸易参与国之间的要素价格将相等；其内涵主要包括两个方面：一是原先要素价格比不一致的两国进行自由贸易后，相对价格比率趋于均等，直至完全相等即相对要素价格均等（RFPE）；二是原先同一种要素价格不相等的国家进行自由贸易后，

[①] 〔英〕大卫·李嘉图：《政治经济学及赋税原理》，郭大力、王亚楠译，商务印书馆，2013。

[②] 侯方玉：《古典经济学关于要素流动理论的分析及启示》，《河北经贸大学学报》2008 年第 2 期。

[③] 吕春成：《要素价格均等化定理研究动向考察》，《山西财经大学学报》2002 年第 1 期。

要素的绝对价格趋于均等,直至完全相等即要素价格绝对均等。[1] 在萨缪尔森研究的基础上,利默尔(E. Leamer)进一步深化和总结了要素价格均等化定理成立的条件即产出组合相同、技术同质和不存在要素密集度逆转。[2] 在其他条件不变的情况下,国家间的技术水平差异将导致要素价格不同,但相对要素价格却会相等。因而,基于广泛存在的技术差异的考虑,可用 RFPE 检验替代 FPE 检验。[3]

(三) 特定要素模型

萨缪尔森(P. A. Samuelson, 1971)和琼斯(R. Jones, 1971)创立并进一步发展了特定要素模型。特定要素模型假定一个国家只生产两种产品,劳动供给作为一般要素,可以流动,可以在两个部门之间进行配置,而每一个部门使用的要素则是特定生产要素,只能在本部门用于生产某些特定产品,不能在部门之间自由流动。[4]

我们进一步假定某一个国家只能生产粮食和制造品两种产品,有劳动、资本和土地三种要素可以使用。生产粮食需要投入劳动和土地,不需要资本,而生产制造品则需要投入劳动和资本,不需要土地。因此,资本和土地皆是特定要素,只能用于生产一种产品,不可以在部门之间自由流动,而劳动则是一种流动要素,可以在两个部门之间进行配置,可以在部门之间自由流动。在粮食部门中土地和劳动的投入数量决定了粮食的产出水平,而在制造业部门中资本和劳动的投入数量则决定了制造品的产出水平。粮食和制造品部

---

[1] Samuelson, Paul. International Factor—Price Equalisation Once Again. *The Economic Journal*, 1949 (59): 181-197.
[2] Edward E. Leamer. International Trade Theory: The Evidence. NBER Working Paper Series, 1994.
[3] 何兴容、陈勇兵、凡福善:《相对要素价格均等化:理论模型与实证检验》,《财经科学》2010 年第 2 期。
[4] 姜鸿:《中国—智利自由贸易协定与收入再分配——基于特定要素模型的分析》,《管理世界》2006 年第 10 期。

门对劳动的总需求决定了工资率水平,而工资率水平和每个部门产品的价格和决定了本部门对劳动的需求。这样,只要给定工资率和粮食以及制造品的价格,就可以确定每个部门的劳动投入量和产出水平。由于劳动要素可以自由流动的假定,劳动(力)会从低工资部门流向高工资部门,并最终使两部门的工资率相等。当粮食和制造品的价格发生变动时,劳动的配置和收入分配会发生相应的变动。所以,粮食和制造品价格同比率发生变动不会产生任何实际的影响,而只有相对价格即制造品对于粮食的价格发生变动时,才会对社会福利和资源配置产生影响。[①]

(四)"里昂惕夫之谜"关于要素流动的解释

美国经济学家里昂惕夫(Wassily W Leontief)根据赫克歇尔—俄林的要素禀赋理论,对第二次世界大战以后美国的贸易商品结构进行了实证分析,得出了美国进口资本密集型产品而出口劳动密集型产品的结论,这与要素禀赋理论的中心结论即每个国家都密集地使用它拥有的比别国丰富的生产要素来生产产品参与国际贸易,进而获得比较利益完全相反。可是,从理论分析来看,要素禀赋理论是正确的。这就是著名的"里昂惕夫之谜"。里昂惕夫之谜有众多解释,现就有关要素流动的观点进行评述。

基于生产要素异质性的解释。要素禀赋理论认为劳动是同质的,但事实上劳动一般情况下是异质的。人力技能理论认为初级产品的生产及贸易取决于自然资源的禀赋情况,工业品的生产及贸易则取决于劳动者的技能、熟练劳动的禀赋情况。因此美国进口的是技能密集程度较低的产品,而出口的是技能密集程度较高的产品。

基于人力资本的解释。肯恩(Kenen,1965)等学者通过研究认为产生里昂惕夫之谜的一个重要原因是里昂惕夫只关注了物质资本,忽略了人力资本。人力资本理论认为人力资本是体现在人身上

---

① 义旭东:《论区域要素流动》,四川大学博士学位论文,2005。

的技能和生产知识的存量,是通过教育、训练和健康投资而获得的资本。可是,人力资本不能从劳动者身上分离出来并加以计算。美国出口部门的劳动力比国际上的其他国家的劳动力有更多的人力资本,因此如果考虑人力资本,那么美国出口商品的资本密集程度要高于进口产品的资本密集程度。

基于要素密集度逆转的解释。要素密集度逆转是指一种给定商品在资本丰富的国家是资本密集型产品,而在劳动力丰富的国家却是劳动密集型产品。赫克歇尔—俄林的要素禀赋理论和要素价格均等化理论在发生这种要素密集度逆转的情况下将不能成立。根据里昂惕夫的实证研究,美国大量进口的自然资源产品在发展中国家是劳动密集型产品而在美国却是资本密集型产品,进而使美国进口商品的资本—劳动比率要高于其出口商品。

五　空间集聚理论

(一) 古典区位理论中的空间集聚

1. 杜能关于空间集聚问题的论述

德国著名经济学家、现代西方区位理论的先驱者杜能（Johann Thünen）在其1826年的著作《孤立国同农业和国民经济的关系》[①]一书中,首次对集聚力和分散力的影响因素进行了研究,尽管其研究因技术要求高、没有进行模型化而略显粗糙外,其思想具有开创性的意义。

杜能对分散力的认识。杜能认为分散力主要体现在以下几个方面:一是由于运输费用,大城镇的原料价格要比小城镇的贵;二是将机器制成品分配给农村消费者时,会产生从大城镇到各乡镇的运输费用;三是所有必需品特别是木炭,还有住宅、公寓在大城镇要

---

① 〔德〕约翰·冯·杜能:《孤立国同农业和国民经济的关系》,吴衡康译,商务印书馆,1997。

第二章　区域经济一体化：文献综述与空间集聚视角下的理论逻辑 | 043

贵一些，其原因主要有两点：一点是建筑成本更高是因为大城镇自身无法提供原材料，而需从远处运来；另一点是同样面积的土地在小城镇花一点钱就能买到，而在大城镇则会非常昂贵，另外大城镇的货币工资由于食物、燃料以及住房带来的较高的生活成本而必须比小城镇高，从而会进一步导致生产成本的上升。[①] 以上几个方面足以说明，杜能的研究已经注意到了集聚机制中分散力诱因的存在。

　　杜能对集聚力的分析。杜能在其著作中对集聚现象进行了初步的解释和探索，主要体现在以下几点：第一，要进行有效且便宜的生产就必须在大规模的工业化工厂里安置节约劳动力的机器设备，因为只有这样才能节约工业劳动的费用，才能有利可图；第二，市场上对某一个工业化工厂产品的需求决定了这一个工厂的规模；第三，基于以上因素的考虑，大规模工厂只有在某些工业化分支的重要领域才有可能被建立，但是一个工业化工厂的规模与分工密切相关；第四，由于不同的工厂和车间实质上在生产它们彼此需要的产品，所以只有在大城镇里，即能实现工厂和车间彼此挨得足够近，并能够互相帮助、协调生产的地方才能更有效率地生产出机器来。这也可以解释工厂的分布一般具有社区性的特征。另外，技术创新使机器的复杂程度不断增加，而在实际操作过程中机器的复杂程度越高，工厂和车间对合作因素的要求就越多。[②] 显然，第一和第三点实质上是在探讨工厂层次的规模报酬递增问题和分工专业化与工厂规模之间的两难问题；第二点则可以看作需求规模等同于企业规模这一新经济地理学观点的思想源泉；第四点所描述的部门之间的联系、技术溢出等内容与新经济地理学中关于中间投入品、知识溢

[①] 〔日〕藤田昌久、〔比利时〕雅克·弗朗科斯·蒂斯：《集聚经济学：城市、产业区位与区域增长》，刘峰、张雁、陈海威译，西南财经大学出版社，2004，第16页。

[②] 〔日〕藤田昌久、〔比利时〕雅克·弗朗科斯·蒂斯：《集聚经济学：城市、产业区位与区域增长》，刘峰、张雁、陈海威译，西南财经大学出版社，2004，第16~17页。

出的内容在内在逻辑上是一致的。这些充分印证了杜能思想对后世的深远影响力。

2. 韦伯关于空间集聚问题的论述

德国经济学家阿尔弗雷德·韦伯（A. Weber）在其奠基性的著作《工业区位论》（1909）①中，研究了影响区位选择的因素，同时还研究了怎样集聚、在哪里集聚的问题，并首次将数量区位方法引入了空间集聚的分析框架之中，开创了产业空间集聚研究的区位分析的传统。韦伯认为良好的基础设施和交通运输条件的改善以及交易机会的增加，都能够为单个厂商带来成本的节约，因而使厂商产生了集聚的愿望。韦伯还首次建立了集聚的一套规则和概念，如集聚单元、集聚因素、分散因素、集聚规模等。所谓集聚因素是指厂商在某一地点集中所获得的优势或者是成本的节约，这实际上是集聚经济最初的含义。韦伯认为集聚过程是由初级和高级两个阶段组成的：初级阶段是指因企业规模的扩张而使工业集中化；高级阶段是指各个大企业通过其完善的组织而实现地方的集中化。

最早把集聚原因、集聚地点与集聚机制统一起来进行分析研究的学者是韦伯。韦伯认为集聚形成的原因主要有四个方面：一是技术设备的发展进步，如主产业和因主产业而诞生的配套产业；二是劳动力组织的不断优化发展；三是市场化要素带来的成本节约，如基于供给、采购等视角体现的某种成本节约等；四是经常性开支成本的节约，如共享交通、自来水管道、煤气等基础设施。韦伯指出，"与假定的集聚单元相联系的临界等运费线的交叉部分存在"和"在这些交叉部分中必须达到一定的生产量"是集聚中心能够形成并且能够集聚单个生产单元所依赖的两个条件。② 韦伯还进一步指出，单个生产单元的临界等运费线只要同其他足够多的生产单元

---

① 〔德〕阿尔弗雷德·韦伯：《工业区位论》，李刚剑等译，商务印书馆，1997。
② 〔德〕阿尔弗雷德·韦伯：《工业区位论》，李刚剑等译，商务印书馆，1997，第125页。

的临界等运费线交叉并形成集聚单元,那么这个生产单元与其他那些生产单元将一同集中,① 即图 2-2 中阴影部分面积所示。就形成集聚之后哪里是集聚中心的问题,韦伯认为公共区域中的每一个点都有可能是集聚点,即图 2-2 中黑色的点。进一步地,韦伯给出了"大生产单元会吸引小生产单元,其区位接近大生产单元原有的运费最小值点,并在那里安置集聚中心,和该集聚点对全部集聚点而言都具有最小的运输成本"两种方法来确定关于集聚地点的最终位置。

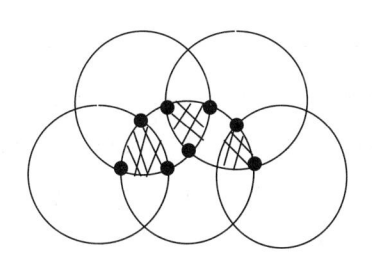

图 2-2　韦伯区位理论中的集聚与集聚中心

韦伯在探索集聚形成的过程中已经注意到了单个厂商之间的相互影响即注意到了"外部性"对集聚的影响,并确立了从最小成本理论出发这一厂商区位选择的基本原则,但是韦伯的分析方法是一种静态分析的方法,从而使对集聚因子的分析过于简单,而通过等运费线重叠形成集聚的理论又显得过于单一且对集聚地点的分析也没有能站住脚。尽管韦伯的工业区位理论存在一些缺陷,但在推动空间要素融入主流经济学的分析框架上具有深远的影响。

3. 勒施关于空间集聚问题的论述

德国经济学家奥古斯特·勒施（August Losch）对克里斯泰勒（W. Christaller）的中心地理论进行了改进和推广,使区位理论原来的生产领域、局部分析和单因素分析扩展到了市场领域、一般分析

---

① 〔德〕阿尔弗雷德·韦伯:《工业区位论》,李刚剑等译,商务印书馆,1997,第 125 页。

和多因素分析，构建出了一种以市场为中心、静态分析的、宏观的区位理论。勒施在其 1943 年的著作《经济空间秩序》中对城镇形成原因、区位选择和空间集聚等问题做了分析和探索。与韦伯不同，他认为厂商选择区位是按照利润最大化的原则进行的，因此他将区位选择的地点划分为生产中心、消费中心以及供应地区三种类型。在此基础上，勒施将区位的集聚又划分为点状集聚和面状集聚，点状集聚实际上承载了勒施的工业区位思想，而面状集聚则承载了他的经济区思想。勒施认为，"所有因素都影响着区位选择，许多因素给它以影响，但它们之中任何一个单独的因素都不能有决定权。区位的选择是存在许多理由的"①。这足以说明，勒施放弃了韦伯的决定区位的唯一因素论，提出了影响因素的多元论，而这种观点同样也体现在他所构建的区位均衡体系的假设前提之中，主要有三点：一是独立厂商的数目在个别工业部门或在整个经济内应当尽可能多；二是厂商的数目要足够多，直到整个空间都被占用；三是对于所有人都没有任何限制的一切经济活动中，不应当存在正常以上的利润。我们可以从图 2-3 中看出，第二点集中体现了勒施的空间集聚的思想，第三点则可以认为是集聚规模的限制条件。图 2-3 所呈现的是厂商区位选择的结果，本质上是勒施所描述的集聚现象，而将图中的每一个区位填满，则体现出了一种集聚的形态。按照勒施的观点，在整个空间内，能进入多少厂商，关键看最后一个进入者的利润水平，假如利润为零，那么厂商不再进入，这时的规模就是最佳的规模。

　　勒施还对城镇形成的原因、位置等问题也进行了较为深入的研究。关于城镇形成的原因，勒施认为主要有"自由集积"和"被限制的集积"两个方面的原因。所谓厂商区位的自由集积（自然体系）主要包括偶然的集积、纯消费者的集积、不同企业的集积以及

---

① 〔德〕奥古斯特·勒施：《经济空间秩序》，王守礼译，商务印书馆，1995，第 38 页。

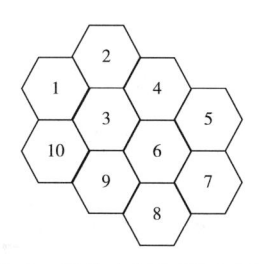

图 2-3　勒施空间集聚形成机制

资料来源：倪方树：《企业区位选择与空间集聚》，南开大学博士学位论文，2005。

大规模的个别企业、同类企业的集积；区位被限制的集积（历史体系）主要是指传统的供给地来源，其不仅影响农村城镇和道路的位置，还决定了城市的位置和主要的交通线。勒施在分析上述因素的基础上，认为城镇的位置主要取决于企业的数目、自然地理等因素，同时还包括偶然性的因素。[①]

应该说，韦伯和勒施是最先研究和探索集聚形成机制的学者。在韦伯的基础上，勒施的研究不仅实现了从区位选择到集聚的思想，还考虑了厂商之间的关系，并将这一思想向前推进了一大步。尽管如此，古典区位理论由于没有能成功处理定价、市场结构等一些关键技术问题，而被主流经济学拒之门外，从区位选择到集聚的分析也就只能止步于此。

（二）区域科学中的空间集聚

将空间要素纳入主流经济学的分析框架是区域经济学家们一直的愿望。从这一点上讲，做出重大努力的第一人应该非美国区域经济学家、空间经济学家、区域科学学派的创始人沃尔特·艾萨德（Walter Isard）先生莫属。艾萨德（1956）十分推崇勒施的区位理

---

① 〔德〕奥古斯特·勒施：《经济空间秩序》，王守礼译，商务印书馆，1995，第91页。

论，在勒施多因素分析并考虑各区位主体间相互影响的基础上，主张在企业决策分析中引入博弈论，他认为只有这样才能更加深入地理解集聚现象。[1] 艾萨德的思想基础主要有两个：一个是勒施（1943）的研究，而另一个则是霍特林（1929）的区位变化与价格变化相结合的思想。与艾萨德同一时期研究区位与区域问题的代表性人物还有美国区域经济学家埃德加·M.胡佛（Edgar Malone Hoover）。胡佛的主要贡献在于将经济集聚划分为了经济本地化、城市化经济和内部规模报酬三种类型。

实际上，厂商的区位选择问题一直是艾萨德的重点研究领域。艾萨德（1956）在韦伯和胡佛研究的基础上，提出了在韦伯的总运费最佳点可以形成地方化经济，但它必须与由在这点形成集聚而引起的运输费用增量相比较的观点；他还认为更为充分地使用专门化和辅助性的设备、依托共同的经纪人和批发商大批量地购买和销售以及大量可以利用的熟练工人等是地方化经济的来源。[2] 艾萨德一直试图构建一个新的替代性的分析框架来研究更为一般化的厂商区位选择问题。此外，艾萨德批判地继承了韦伯和勒施从区位选择到集聚的思想来研究集聚形成机制问题，但没有能彻底解决问题。诚如艾萨德之前所强调的，很大的原因在于适合技术工具的缺乏。

从古典区位论到区域科学，都没有能对从区位选择到集聚的思想做更为深入的研究和探索，反而将其逐步边缘化。这种尝试的失败，迫使研究集聚问题的学者不得不放弃这一研究路径，转而寻找一种能够解释集聚形成机制的新思想、新路径。

（三）新兴古典经济学中的空间集聚

新兴古典经济学的思想来源是古典经济学，而20世纪50年代

---

[1] 〔美〕沃尔特·艾萨德：《区位与空间经济》，杨开忠、沈体雁、方森、王滔等译，北京大学出版社，2011。
[2] 〔美〕沃尔特·艾萨德：《区位与空间经济》，杨开忠、沈体雁、方森、王滔等译，北京大学出版社，2011。

在数学界兴起的线性规划和非线性规划的方法则是新兴古典经济学的研究方法。新兴古典经济学的代表人物是杨小凯，他认为经济集聚是由报酬递增和劳动力专业化分工引起的，经济集聚的过程实质上是一个渐进累积和自我增强的系统演化的过程，而自增强动力机制的源泉则是专业化分工产生的报酬递增。①

"杨格定理"的提出。美国经济学家阿林·杨格（Allyn Abbott Young）在斯密的分工与专业化理论的基础上，阐述了分工的内生演进机制的思想，这一思想被称作"杨格定理"，其主要内容是分工依赖市场规模，而市场规模不仅由人口、区域决定，更是由购买力决定的，购买力由生产力决定，生产力又由分工决定。这样一来，就变成了"分工决定分工"。因此，这是一个市场规模引致分工的深化、分工的深化又引致市场规模的扩大的、循环累积、互为因果的正反馈演进的过程。② 杨格虽然提出了"杨格定理"，但并没有给出有力的理论证明。

"杨格定理"的证明。在杨格提出"杨格定理"之后，西奥多·舒尔茨（Theodore W. Schultz）、加里·贝克尔（Gary S. Becker）、杨小凯、黄有光、史鹤凌等学者从不同角度对斯密的分工理论进行了扩展或深化，杨小凯、黄有光、史鹤凌等学者的贡献更成为新兴古典经济学的主要部分。杨小凯首次用数学模型证明并发展了杨格定理。他假设在经济发展的初始阶段，生产效率低，人们没有能力承担交易费用，只能选择自给自足的生活方式。随着生产力水平的不断提高，人们的生产经验或人力资本也开始被逐步积累起来，从而具备了支付一定交易费用的能力，并通过交换产品，开始产生初步的分工体系，市场体系初步建立。专业化水平的不断提升，生产经验或人力资本的加速积累，又使生产力水平不断提高，而生产力水

---

① 杨小凯、黄有光：《专业化与经济组织：一种新兴古典微观经济学框架》，经济科学出版社，2006。
② 阿林·杨格：《报酬递增与经济进步》，贾根良译，《经济社会体制比较》1996年第2期。

平不断提升又带来人们支付交易费用能力的不断提升,并最终进一步提升了社会专业化和分工水平。当分工演进的潜力被人口规模或者制度供给限制耗尽时,分工和专业化不再继续演进,社会进入减速增长阶段。①

杨小凯解决了"专业化收益"与"多样化消费所带来的交易费用增加"之间的两难冲突之后,进一步将分工、交易费用、交易效率、制度分析、一般均衡的分析工具等纳入了产业集群的研究之中,杨小凯认为在假设消费需求多样化的条件下,单个厂商由于无法提供所有产品或全部生产环节,就需要与其他企业合作来获取所需的产品和服务,进而厂商之间的交易频率及成本会不断攀升。另外,集中交易不但可以降低交易成本,实现规模报酬递增,还可以使厂商的分工得到不断深化,同时还可以提高交易效率,弥补交易费用,增强分工的网络效应,提高集聚经济水平,最终吸引更多的厂商集聚于此地。②

(四) 新经济地理学中的空间集聚

尽管空间问题一直广受区域经济学、城市经济学和经济地理学关注,但在相当长的时间内,空间要素无法被纳入主流经济学的分析框架。这种情况直到保罗·克鲁格曼(P. Krugman)于1991年发表《收益递增和经济地理》③一文后,才得以彻底改观,并标志着空间经济学的复兴。在此之后的20多年时间里,空间经济学得到了极大发展,影响力越来越大。

1. DCI 研究框架

从现有文献看,新经济地理学对集聚经济的研究是基于DCI框架开展的,所谓DCI框架是指Dixit—Stiglitz monopolistic competition

---

① 杨小凯:《经济学原理》,中国社会科学出版社,1998,第473页。
② 倪方树:《企业区位选择与空间集聚》,南开大学博士学位论文,2005。
③ P. Krugman. Increasing Returns and Economic Geography, *Journal of Political Economy*, 1991 (99): 483-499.

第二章 区域经济一体化：文献综述与空间集聚视角下的理论逻辑 | 051

即迪克西特—斯蒂格利茨垄断竞争模型（D-S 模型），CES utility 即效用函数采用比较特殊的不变替代弹性函数和 Iceberg trade costs 即冰山交易成本。迪克西特—斯蒂格利茨垄断竞争模型是指迪克西特和约瑟夫·斯蒂格利茨（A. K. Dixit and J. E. Stiglitz, 1977）[①]为 J. 罗宾逊和爱德华·张伯伦在 1933 年提出来的垄断竞争思想赋予了一个严谨的模型表达，即迪克西特和斯蒂格利茨垄断竞争模型，简称 D-S 模型，为空间要素能纳入主流的经济学分析框架提供了可能；效用函数则主要分为两个层次，一个层次为消费者同时消费农产品和工业品的效用函数，是柯布—道格拉斯型效用函数；另一个层次为消费者消费异质型工业品组合的效用函数，是 CES 效用函数；冰山交易成本是指保罗·萨缪尔森（P. A Samuelson, 1952）[②]的"冰山运输成本"交易技术，将运输成本及各种交易费用当作在运输途中一部分产品因"蒸发"或者是"融解"而造成的损失。在 DCI 框架基础上，空间经济学家从不同的角度对集聚的地理空间分布、集聚力与分散力的内生演化过程进行了解释。这方面的理论和模型可以大致分为三类。

（1）要素流动模型。这类模型主要包括核心—边缘模型即 CP 模型（Krugman, 1991）[③]、自由资本模型即 FC 模型（Martion P. and Rogers C A, 1995）[④]和自由企业家模型即 FE 模型（Forslid R. and Ottaviano G. I. P., 2003）。[⑤]这类模型的主要假设主要有三点：第一是两个区域，在初始条件下要素禀赋、技术、偏好和开放

---

① A. K. Dixit and J. E. Stiglitz. Monopolistic Competition and Optimum Product Diversity, *The American Economic Review*, 1977 (3): 279-308.
② P. A Samuelson. The Transfer Problem and Transport Costs: The Terms of Trade when Impediments are Absent. *Economic Journal*, 1952 (62): 278-304.
③ Fujita, M., Krugman, P., and Venables, A. J. *The Spatial Economy: Cities, Regions, and International Trade*, MIT Press, 1999.
④ Martion P. and Rogers C A. Industrial Location and Public Infrastructure. *Journal of International Economics*, 1995 (39): 335-351.
⑤ Forslid R. and Ottaviano G. I. P. An Analytically Solvable Core-periphery Model. *Journal of Economic Geography*, 2003 (3): 229-240.

度等都是对等的；第二是存在完全竞争且规模收益不变的农业部门和垄断竞争且规模报酬递增的制造业部门两个部门，农业部门提供同质产品且农产品在区域间交易不存在交易成本，工业部门提供异质性产品且工业品在区域间交易存在冰山型成本；第三是农业生产用农民的劳动，农民均匀地分布于两个区域且不具有空间流动性，工业生产用工人的劳动或资本。这类模型的不同点在于 CP 模型假设工业劳动力可以在两个区域内流动，FC 模型则假设工业劳动力不能流动，但工业生产的资本可以流动，而 FE 模型假设工业生产投入的人力资本或企业家是可以流动的。[1] 由于核心—边缘模型、自由资本模型和自由企业家模型的制造业部门都具有可以跨区流动的生产要素，所以我们把这三个模型统称为生产要素模型。核心—边缘模型是空间经济学很多模型的基础，但这个模型的很多结论都要靠数值模拟得到，应该说该模型的解析处理十分棘手。自由资本模型则对核心—边缘模型的假设进行了修改，使解析处理大为降低，甚至无须数值模拟就可以得出结论，但这样的结果使该模型相较于核心—边缘模型内涵的丰富性大为降低。自由企业家模型可以说是前两个模型的综合，尽管需要进行数值模拟但相较于核心—边缘模型大为降低，而且其特征与内涵的丰富性没有降低。

核心—边缘模型认为，当工人不发生流动时，人口流动处于相对静止的状态，是一种短期的均衡。可是，这种短期均衡是基于工人不发生流动这一主观设定条件下的均衡。实际上，区域之间的实际工资水平是可能存在客观差异的，而工人作为追求实际工资或者效用水平最大化的可以流动的主体会倾向于向实际工资水平高的区域集聚，从而产生了讨论长期均衡问题的基础。核心—边缘模型的长期均衡重点关注的问题是工人的流动问题。如前讨论，工人必然向实际工资水平高的区域集聚，而导致工人集聚的原因主要有两个

---

[1] 李胜会、冯邦彦：《对国外空间经济学集聚经济理论研究的分析——兼谈城市集聚理论的发展》，《经济问题》2008 年第 2 期。

方面：一是市场接近效应。市场规模越大工人越聚集，工人越聚集则市场规模越大；二是生活成本效应。生活成本越低工人越聚集，工人越聚集则生活成本越低。这两种效应都能让聚集产生自我强化的趋势，从而分别形成需求关联和成本关联的循环累积因果关系，并共同作用形成聚集力。从另一方面讲，聚集在产生上述两种效应的同时还产生了厂商之间更激烈地争夺消费者而形成的市场拥挤效应，阻碍了集聚，产生了与聚集力相反的分散力。聚集力和分散力的相对强弱决定了经济系统的均衡状态，当工人不再流动时，便实现了稳定的长期均衡。特别需要强调的是，集聚是一个突变的过程而不是一个渐进的过程。因此在集聚发生之前，各种力量存在并积蓄着，只要聚集力克服不了分散力，集聚就不会发生，而只要一克服，集聚就会突然发生。核心—边缘模型与以往许多模型迥然不同的是，上述各种力量是内在于经济系统之中的，并不是外生给出的。

自由资本模型通过对核心—边缘模型的基本框架进行修改，尽管解决了解析处理的难题，但是由于资本所有者不能流动，其切断了需求关联和成本关联这两个循环累积因果关系，并且相对于核心—边缘模型来说其经济内涵的丰富性大为降低，可是该模型明确地表现出了聚集力，并且在突发性聚集和内生的非对称性方面体现出了与核心—边缘模型十分相似的性质。非对称的自由资本模型由于其非对称区域情形与真实世界更为接近而对政策分析变得十分重要。

自由企业家模型引入了人力资本的要素，使这一模型又有了核心—边缘模型所具有的需求关联和成本关联这两个循环累积因果关系，从而具备了核心—边缘模型的所有特征和经济内涵，并且尽管模型解析又得依靠数值模拟，但难度有所降低。与核心—边缘模型不同，由于只有人力资本这种要素可以流动，劳动力不能流动，因而自由企业家模型的聚集力要比核心—边缘模型的聚集力小。由于人力资本比普通劳动力有着更强的空间流动性，因而自由企业家模型要比核心—边缘模型有更强的现实意义。

（2）经济增长模型。这类模型主要包括资本创造模型即 CC 模型[①]、全域溢出模型即 GS 模型[②]、局部溢出模型即 LS 模型。[③] 资本创造模型、全域溢出模型和局部溢出模型是逻辑上呈递进关系的空间集聚模型，不仅包含资本或企业的空间内生聚集问题，还包含经济的内生增长问题，且模型的政策含义也十分丰富。这三种模型相对于核心—边缘模型而言有着更强的解析能力，所有内生变量都有显性解。[④] 另外，这三种模型把区位均衡和经济增长联系起来了，并讨论了经济增长问题，所以我们把这三个模型统称为空间经济学的经济增长模型。

资本创造模型、全域溢出模型和局部溢出模型假设不存在资本的区域间流动，但存在广义的资本流动即不同区域资本增减不同，并以托宾的资本重置理论作为资本生产的条件，揭示了经济的内生增长过程（资本创造模型除外）。随着局部溢出模型对知识的空间溢出效应的补充，它们清晰呈现出了经济区位影响资本的生产成本，进而影响经济增长的机理。这三种模型是在放松核心—边缘模型的部分假设条件后得出的，因而具备了核心—边缘模型的基本特征和经济内涵，还具备了核心—边缘模型没有的新特征和内涵。资本创造模型、全域溢出模型和局部溢出模型因为不存在核心—边缘模型中的对称均衡和均衡的重叠区，故而不会存在人们预期的变化所导致的区位变动现象。"突发性聚集"特征只有资本创造模型和全域溢出模型具备，局部溢出模型则不具备。这三种模型都有"需

---

① Baldwin R. Agglomeration and endogenous capital. *European Economic Review*, 1999 (43)：253-280.

② Martin P. and Ottaviano G. I. P. Growing Locations：Industry Location in a Model of Endogenous Growth. *European Economic Review*, 1999 (43)：281-302.

③ Baldwin R, Martin P. and Ottaviano G. I. P. Global Income Divergence, Trade and Industrialization：the Geography of Growth Take-off. *Journal of Economic Growth*, 2001 (6)：5-37.

④ 安虎森主编《空间经济学教程》，经济科学出版社，2006，第132页。

求关联的因果关系",并且局部溢出模型还有"成本关联的因果关系",但这一因果关系随着聚集力的不断强化而与资本生产成本不断下降相联系,而并不与价格指数相联系。资本创造模型、全域溢出模型和局部溢出模型与以往模型不同,在讨论经济增长影响区位问题的同时,还讨论了经济区位影响经济增长的问题,认为随着经济区位的变化,核心区因资本投资的不断增加,经济实现了不断增长,边缘区则因资本投资的不断减少,经济趋于萎缩。不同于全域溢出模型,非均衡战略与经济起飞、有条件福利补偿作用、内生增长为聚集力、知识溢出为分散力等都是局部溢出模型的新特征,对现实经济社会有着很强的解释力。

(3) 垂直联系模型。这类模型主要包括核心—边缘垂直联系模型即 CPVL 模型[1][2]、自由资本垂直联系模型即 FCVL 模型[3]、自由企业家垂直联系模型即 FEVL 模型[4]。核心—边缘垂直联系模型、自由资本垂直联系模型和自由企业家垂直联系模型都具有核心—边缘模型所具有的本地市场放大效应、需求关联与成本关联的循环累积因果关系、区位黏性、突发性聚集、内生的非对称、驼峰状的聚集租金和存在多重均衡重叠区等七个主要特征。与核心—边缘模型和自由企业家模型不同,垂直联系模型的聚集力和分散力产生的机制是基于不完全竞争条件下企业的投入联系,而前者产生的机制是基于要素流动。

核心—边缘垂直联系模型相较于核心—边缘模型而言,假设条件的不同点主要有:一是,核心—边缘垂直联系模型中只有劳动一

---

[1] Paul Krugman. Anthony Venables, Globalization and the Inequality of Nations. *The Quarterly Journal of Economics*, 1995, 110 (4), November: 857-880.
[2] Fujita, M., Krugman, P., and Venables, A. J. *The Spatial Economy: Cities, Regions, and International Trade*, MIT Press, 1999.
[3] Robert-Nicoud F. A Simple Geography Model with Vertical Linkages and Capital Mobility, *LSE, mimeo*, 2002.
[4] Ottaviano G. I. P. Models of New Economic Geography: Factor Mobility vs. Vertical Linkages, GIIS, mimeo, 2002.

种生产要素;二是,成本函数是同位函数,只包含劳动和中间投入品两个变量,并且工业部门生产技术不同;三是,要素不能在区域间流动,但可以在区域内自由流动。核心—边缘垂直联系模型相较于核心—边缘模型而言,新特征主要有:一是,在满足"非黑洞"以及对称均衡的条件下,贸易自由度对厂商数量或产品种类的净效应为正;二是,在满足"非黑洞"的条件下,核心—边缘垂直联系模型的对称均衡时的厂商数量或产品种类,要比核心—边缘模型的少。

自由资本垂直联系模型是在自由资本模型基础上引入了垂直联系。该模型假设有劳动和资本两种生产要素,劳动和中间投入品的组合是可变投入,并且只有资本构成了固定投入。这样改进的优点在于自由资本模型的特征得以丰富,缺点在于解析性下降,政策分析变得十分复杂。

自由企业家垂直联系模型是在自由企业家模型的基础上引入了垂直联系。自由企业家垂直联系模型制造部门的生产技术不具备同位性,并且劳动和不同制造业部门的产品的投入组合构成了固定投入,而只有劳动是可变投入。自由企业家垂直联系模型具备了核心—边缘垂直联系模型的所有特征,并且该模型的解析性要好于核心—边缘垂直联系模型。

2. OTT 研究框架

DCI 研究框架存在严重依赖特定效用函数等缺乏现实基础、预期作用被忽视、多数模型需要通过数值模拟的方法得到模拟解等三个主要的缺陷。为了能很好地解决上述问题,奥塔维亚诺(Ottaviano)、塔布奇(Tabuchi)和蒂斯(Thisse)构建了另外一个垄断竞争的分析框架即 OTT 研究框架。这一研究框架放弃了 DCI 框架中所沿用的双重效用函数和"冰山"运输成本,采用了准线性二次效用函数和线性运输成本,同时引入了预竞争效应,使企业确定最优定价必须考虑竞争对手的定价策略,还可以分析企业的空间定价与集聚的关系。另外,OTT 研究框架的模型中所有的内生变量都可以利用外生变量的线性表达式表达,因而使 OTT 研究框架的模型具备了完全的解析分析能力。OTT 研究框架主要包括两种模型。

(1) 线性自由资本模型。线性自由资本模型即 LFC 模型[1]保留了自由资本模型的基本假设。由于引入了准线性二次效用函数,线性自由资本模型的消费者效用函数具备了三个新的特征:一是消费者效用具有凸效用特性;二是能反映出消费者对多样化工业品的偏好;三是消费者对工业品需求的替代弹性具有变化性。线性自由资本模型中,支出的空间分布是由资源禀赋分布外生决定了的,因而不存在价格指数效应,促进集聚的力量较为薄弱。如果在初始状态下,两个区域的资本和劳动禀赋是对称分布,那么生产的对称分布是长期稳定的均衡状态;如果在初始状态下,两个区域的资本和劳动禀赋是非对称分布,那么随着区域间运输成本的降低,就有可能存在生产的区际非对称分布,而且集聚的形成是一个渐进的过程而不是突变的。

(2) 线性自由企业家模型。线性自由企业家模型即 LFE 模型[2]保留了自由企业家模型的基本假设,并且在线性自由企业家模型中资本具有了人力资本的含义,人力资本与所有者不可分离,资本在进行空间转移的同时也必然带来所有者的空间转移,进而导致相对市场规模发生空间变化,并导致生产与支出的分布建立起相互作用关系。另外,不同区域的价格水平是资本所有者空间决策的一个重要因素,进而会产生价格指数效应。还有就是在线性自由企业家模型中随着区域间运输成本从高到低的不断下降,生产的空间分布会呈现出扩散—集聚—扩散的特征。

(五) 网络组织理论中的空间集聚

从古典区位理论到新经济地理学标志着空间集聚理论正日趋完

---

[1] Ottaviano G. I. P. Monoplistic Competition, Trade, and Endogenous Spatial Fluctuations. *Regional Science and Urban Economics*, 2001 (31): 51-77.

[2] Ottaviano G. I. P., Tabuchi T. and Thisse J. Agglomeration and Trade Revisited. *International Economic Review*, 2002 (43): 409-436.

善，可是在新的历史条件下，产业空间集聚不断涌现出了新的空间特征。在知识经济时代，知识已经成为继土地、资本等传统要素之后企业获得竞争优势的重要资源，并且置身于本地化空间网络结构中的厂商通常倾向于形成一种相互作用的关系网络，从而为网络组织理论的产生提供了可能。网络组织理论是西方微观经济学自 20 世纪 80 年代中后期起逐步形成并迅速发展起来的新的研究领域。这一理论认为，网络组织是一种建立在其成员之间强弱不等的各种联系纽带上的组织集合。网络组织理论从本地化企业间的策略互动出发试图对产业空间集聚问题提出新思考。

世界市场需求发生的深刻变化迫使生产系统由大规模生产方式向柔性专业化的生产模式转变。在生产技术不确定以及市场需求风险不断增加的条件下，就必然要求本地化空间网络中的企业间形成一种竞争协作的关系网络，并能作为一个整体来参与外部竞争，实现对不确定冲击和外部市场需求变化做出快速的反应和应对。[①] 这种特定空间内社会网络的形成降低了特定空间内主体之间的契约成本，以及交易风险，进而能更好地降低交易成本。另外，面对面的交流不但能提高传递隐含知识及相关信息的准确性，而且能激发创新。这样一来，又极大地提高了企业融入网络组织体系、推动更深层次集聚的积极性。

六 要素流动、空间集聚与区域经济一体化的研究框架

（一）要素流动、空间集聚与区域经济一体化的理论基础

在古典经济学家和新古典经济学家看来，集聚力是很难发生的。按照一般均衡理论，产品是在满足边际收益一定的条件下生产

[①] 洪开荣、肖谋琅：《产业空间集聚的理论发展》，《湖南财经高等专科学校学报》2006 年第 2 期。

出来的。集聚力也就不可能在这种情况下内生地产生。研究区位理论的经济学家们，试图将空间要素纳入阿罗—德布鲁模型的分析框架中，但 Starrett（1978）的研究证明了这一思路是不可行的，并以此提出了著名的空间不可能定理，其主要内容是，在一个只有消费者、厂商以及有限个区位的经济社会中，在一个初始的非均衡完全不发生作用的匀质空间里，假设运输会产生成本，消费者的偏好能在本地得到满足，那么就不可能存在一个带有正的运输费用的竞争性均衡。[1] 这样的结果使我们的世界不存在任何扭曲的帕累托有效，每一种产品的生产都是均匀分布的，也不存在区际贸易和运输，城市甚至一个小村庄都不可能存在，只会存在由一个个自给自足的家庭农场组成的世界。[2] 但是，真实的世界并不是这样的，空间集聚是一种普遍的现象，显然古典经济学和新古典经济学理论对这一现象无法给出令人信服的解释。

空间要素在相当长的一段时期以来并没有成功地被纳入经济学的主流分析框架之中，其原因并不是主流经济学家们故意忽视空间要素的存在，也不是空间要素无足轻重，而是客观上存在主流经济学家技术上无法处理的难题，即存在收益递增时的市场结构问题。这样的局面直到 1977 年才有了根本性的转变。这一年，迪克西特和约瑟夫·斯蒂格利茨[3]为 J. 罗宾逊和爱德华·张伯伦在 1933 年提出来的垄断竞争思想赋予了一个严谨的模型表达，即迪克西特和斯蒂格利茨垄断竞争模型，简称 D-S 模型。这一模型提供了一个处理运输成本、规模收益递增等问题的全新的技术工具，从而为把

---

[1] Starrett D. Market Allocations of Location Choice in a Model with Free Mobility. *Journal of Economic Theory*, Vol. 17. 1978, pp. 21-37.
[2] 保罗·克鲁格曼：《发展、地理学与经济理论》，北京大学出版社，中国人民大学出版社，2000，第 37~38 页。
[3] A. K. Dixit and J. E. Stiglitz. Monopolistic Competition and Optimum ProductDiversity, *The American Economic Review*, 1977（3）：279-308.

空间要素纳入主流的分析框架提供了可能。保罗·克鲁格曼[1]借鉴国际贸易理论，并利用规模收益递增与垄断竞争的分析工具以及保罗·萨缪尔森[2]的"冰山运输成本"交易技术，开创性地将空间要素纳入了一般均衡的分析框架之中，提出了"核心—边缘"模型（Core Periphery Model）。空间经济学由于克鲁格曼、藤田昌久、维纳布尔斯[3]、鲍德温、福斯里德、马丁、奥塔维诺、罗伯特—尼克德[4]、亨德森、蒂斯[5]等人的贡献，初步形成了较为完整的理论体系和框架，对要素流动与空间集聚、城市化的全球性扩散及爆炸式的推进、国际性大都市的迅猛成长等现象具备了很强的解释力。

（二）要素流动、空间集聚与区域经济一体化的演化逻辑

经济活动的空间分布在最初始（the first nature）的时候是均匀的，在这样的结构下，并不会发生集聚，也没有区际贸易和运输，只是均匀地分布着一个个自给自足的家庭式农场。随着人类历史的不断发展、分工的出现和进一步深化、规模报酬递增的产生和广义运输费用的下降，在历史和偶然因素的作用下（Krugman P., 1991），出现了要素在空间上的集聚，无论在什么地方一旦出现了某种程度集聚，这种集聚就会由于其本身的自增强机制而产生空间上的放大和锁定效应，促使在其中的经济主体难以脱离，并吸引外

---

[1] P. Krugman. Increasing Returns and Economic Geography, *Journal of Political Economy*, 1991 (99): 483-499.

[2] P. A Samuelson. The Transfer Problem and Transport Costs: The Terms of Trade when Impediments are Absent. *Economic Journal*, 1952 (62): 278-304.

[3] Fujita, M., Krugman, P., and Venables, A. J. *The Spatial Economy: Cities, Regions, and International Trade*, MIT Press, 1999.

[4] Richard Baldwin, Rikard Forslid, Philippe Martin, Gianmarco Ottaviano and Frederic Robert-Nicoud. *Economic Geography and Public Policy*, Princeton University Press, 2003.

[5] J. Vernon Henderson and Jacques-Francois Thisse. *Agglomeration and Economic Geography*, Helen Gainford Elsevier, 2005.

部的经济主体进入集聚体（Fujita, M., 1999）。要素在地理空间上的流动和集聚会带来城市化，并促使城市的产生和进一步发展，形成以城市为核心，周围广大农村为边缘的"核心—边缘"结构。这一演进的过程，形成了大量的城市。这些城市实质上是要素向某一特定空间集聚，并导致空间经济结构发生改变的结果和具体表现，也同时是呈现在地理空间上的一个个节点。在这一个个节点上就有要素的流入，也同时有要素的流出，而流量的规模和强度则决定了这个城市在所属区域的地位和作用。当空间经济结构演进到这一形态之后，随着广义运输费用的进一步降低，要素在城市之间的流动变得更为自由，流动的强度进一步增强，流量日益增大，会促进地域分工的进一步深化，使两个城市逐渐走向整合，区域经济趋于一体化，并形成更大范围的"核心—边缘"结构，这与前一种"核心—边缘"结构的主要区别在于区域的扩展和地域分工范围的扩大。

空间经济学的研究发现：规模收益递增、广义运输成本和要素流动之间的相互作用可以导致空间经济结构的产生和改变。[①] 在空间经济结构的演进过程中，有三个显著的结构形态（如图2-4所示）和两个演进时期。

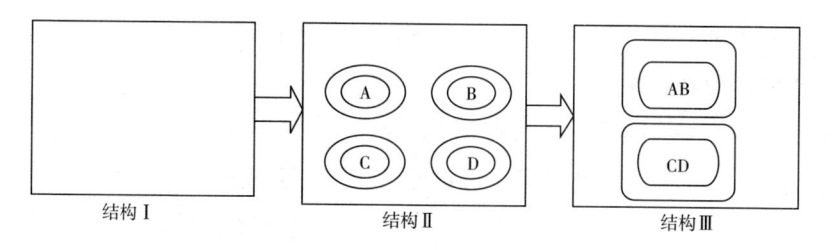

图 2-4 空间经济结构的演化进程

---

① M. Fujita and P. Krugman. The New Economic Geography: Past, Present and Future, *Papers Regional Science*, 2004 (83): 139-164.

第一个时期,即从结构Ⅰ演进至结构Ⅱ的时期。经济活动的空间分布在最初始(the first nature)的时候是均匀的,其结构形式如结构Ⅰ所示。在这样的结构形态下,经济活动是均匀分布的,没有发生集聚,也没有区际贸易和运输,只是均匀地分布着一个个自给自足的家庭式农场。随着人类历史的不断发展、分工的产生和进一步深化、规模报酬递增的产生和广义运输费用的降低,在历史和偶然因素的作用下(Krugman P.,1991),出现了要素在空间上的集聚,无论在什么地方一旦出现了某种程度集聚,这种集聚就会由于其本身的自增强机制而产生空间上的放大和锁定效应,促使在其中的经济主体难以脱离,并吸引外部的经济主体进入集聚体(Fujita,M.,1999)。要素在地理空间上的流动和集聚会带来城市化,并促使城市的产生和进一步发展,形成以城市为核心,周围广大农村为边缘的"核心—边缘"结构,而经济活动的空间分布则由原来均匀的分布形式(即结构Ⅰ)演进成为结构Ⅱ的形式。这种演进的结果,形成了大量的城市。在这里,为了分析问题的方便,我们假设只形成了地域上较为接近的A、B、C、D四个城市(如图2-4的结构Ⅱ所示),这些城市实质上是要素向某一特定空间集聚,并导致空间经济结构发生改变的结果和具体表现,也同时是呈现在地理空间上的一个个节点。在这一个个节点上就有要素的流入,也同时有要素的流出,而流量的规模和强度则决定了这个城市在所在区域上的地位和作用。

第二个时期,即从结构Ⅱ演进至结构Ⅲ的时期。要素向某一特定空间的集聚,产生了城市和以城市为核心,周围广大农村为边缘的"核心—边缘"结构,即结构Ⅱ。当空间经济结构演进到这一形态之后,随着广义运输费用的进一步降低以及地域分工的进一步深化,要素在两个城市(如城市A和城市B,城市C和城市D)之间的流动变得更为自由,其流量和强度也得到进一步增加和增强,使两个城市逐渐走向整合,趋于区域经济一体化,并形成更大范围的"核心—边缘"结构,最终使空间经济结构从结构Ⅱ演进至结构Ⅲ。

当然，空间经济结构也可以发生进一步的演进，由 AB 和 CD 整合成 ABCD，但这只不过是空间经济结构从结构Ⅱ演进至结构Ⅲ这一路径的重复而已，其主要的区别在于区域的扩展和地域分工范围的扩大。

总之，从空间经济结构演进的视角来看，在空间经济结构的演进过程中，有三个显著的结构形态和两个演进时期，而空间集聚和区域经济一体化实质上是空间经济结构演进过程中不同时期的具体表现，而促成这种空间经济结构演进的主要动力则是要素的流动。这是因为，广义运输费用的不断下降增加了要素流动的自由度，而自由度的增加则直接增大和增强了要素流动的流量和强度，进而促进了空间经济结构的演进。因此，空间集聚和区域经济一体化实质上是空间经济结构演进过程中不同时期的具体表现，而促成这种空间经济结构演进的主要动力是要素流动，其实现形式是区域经济合作。

（三）要素流动、空间集聚与区域经济一体化的实证方法

要素流动是区域经济一体化的主要动力。对于要素流动这一过程的描述和分析，国际经济学还基本停留在外生变量层面，而产业转移理论和空间经济理论则已经深入了内生变量层面。陈建军认为判断两地之间发生产业转移的最基本条件是两地之间存在产品和要素的流动，即使两地之间没有发生可以观察到的直接投资，但是只要有了密集的商品和要素的流动，产业的区域转移就有可能发生。[1] 两个地区之间的联系是通过人流、产品流、资金流和信息流来实现的，这些联系使两个地区之间的经济和社会相互关联，构成了极为复杂的空间经济系统（王红霞，2011），[2] 而这些反映地区间关系

---

[1] 陈建军：《要素流动、产业转移和区域经济一体化》，浙江大学出版社，2009，第 223~224 页。
[2] 王红霞：《要素流动、空间集聚与城市互动发展的定量研究——以长三角地区为例》，《上海经济研究》2011 年第 12 期。

的数据，就能很好地反映出两地之间商品和要素流动的基本情况。基于这样的认识，我们可以尝试着对两个地区之间存在的商品和要素的流动进行测度，揭示两地之间空间集聚与扩散的内在特征和变化趋势，并进一步探讨两个地区之间区域经济一体化的发展程度。

　　理论上，对区域经济一体化程度的测度有两类方法：一是过程测度，即对各地区间的物质、能量、资本、劳动、技术等的流量进行测度；二是结果测度，即对各地区的生产率、价格水平，以及居民生活水平等的差异程度进行测度。从现有的文献来看，结果测度的文献占了很大的比重，而过程测度文献所占的比重则较小，其方法具有一定的排他性，即采用结果测度的很少使用过程测度，反之亦然，但我们认为这两类方法是可以同时采用的，它们之间不是一种非此即彼的关系，而应当是一种相辅相成、相互印证的关系。因此，本研究一方面将从结果测度的角度即采用相对价格法来测度滇西地区区域经济一体化的程度，并将其作为模型中的被解释变量。采用相对价格法来测度区域经济一体化水平的原因在于我国劳动力流动很大程度上受到了户籍、社会保障等制度的制约，而商品的市场流动性较强，自由度较高且商品价格的所内含的信息也能够在一定程度上反映要素流动的情况，因此利用商品价格的变动来反映一体化的水平将更为直观有效，除此之外还有另外一个重要的原因是采用相对价格法可以产生一个反映整合程度的指标，还能为进一步研究影响因素提供基础，而其他测算一体化的方法在这个方面没有办法取得实质性的进展。[①] 另一方面则从过程测度的角度，从区域之间的人口流、资本流、知识流和信息流等反映地区关系的"关系数据（relational data）"入手，并将反映这些"关系数据"的相应的指标作为解释变量进行实证研究，力求刻画地区间的要素流动、空间集聚与区域经济一体化的进程。可是，获得"关系数据"存在很大的局限性，数据往往缺乏，对于发展较为滞后的滇西地区而言

---

① 杨先明、刘岩：《中国国内市场分割动因研究》，《思想战线》2010年第2期。

第二章　区域经济一体化：文献综述与空间集聚视角下的理论逻辑

更是如此。尽管如此，这并不意味着实证研究完全不可行。从现有的文献看，基于过程测度的角度，并依靠"关系数据"对区域经济一体化程度进行测度的方法主要有利用企业组织的空间分布进行实证研究的企业组织法和利用城市间的基础设施和电信基础设施进行实证研究的城市基础设施法两大类，这些研究有了一些富有成效的尝试，取得了一些积极的进展。

企业组织法。Taylor，Hoyler，Walker 和 Szegner[1]；Taylor，Catalano 和 Walker[2]；Derudder 和 Taylor[3]；Rossi，Beaverstock 和 Taylor（2007）[4] 等学者利用企业总部、地区总部、分支机构在不同区域之间的分布所构成的全球生产者服务企业的办公网络来对这些全球性的生产者服务企业内部各个机构间存在的信息、资金以及管理技术人员的流动进行测度；而以 Rozenblat 和 Pumain[5][6]、Alderson 和 Beckfield[7] 为代表的学者则运用与 Taylor 等人相同的方法对跨国公司总部—分支机构之间联系的数据来研究地区之间的关系。

---

[1] Peter J. Taylor, Michael Hoyler, David R. F. Walker and Mark J. Szegner. A New Mapping of the World for the New Millennium. *The Geographical Journal*, 2001 (3): 213-222.

[2] P. J. Taylor, G. Catalano and DRF Walker. Exploratory Analysis of the World City Network. *Urban Studies*, 2002 (13): 2377-2394.

[3] Derudder B, Taylor P J. The Cliquishness of World Cities. *Global Networks*, 2005 (1): 71-91.

[4] EC Rossi, JV Beaverstock, PJ Taylor. Transaction Links Through Cities: 'Decision Cities' and 'Service Cities' in Outsourcing by Leading Brazilian Firms. *Geoforum*, 2007 (4): 628-642.

[5] Rozenblat C., Pumain D. The Location of Multinational Firms in the European Urban System. *Urban Studies*, 1993 (10): 1691-1709.

[6] Rozenblat C., Pumain D. Firm Linkages, Innovation and the Evolution of Urban Systems. In Taylor et al. Eds. *Cities in Globalization: Practices, Policies and Theories*. Routdledge, 2007, 130-156.

[7] S. Alderson and Jason Beckfield. Power and Position in the World City System. *American Journal of Sociology*, 2004 (4): 811-851.

城市基础设施法。Smith 和 Timberlake[1]；Shin 和 Timberlake[2]；Choi, Barnett 和 Chon[3]；Ma 和 Timberlake[4] 等为代表的学者以地区间航空基础设施数据为基础来实证研究地区关系，尽管这种研究方法也受到了严肃的批评和质疑，[5] 但这些研究为我们提供了一个新的视角和有效的借鉴尺度。这类技术方法仍被一些学者所采用，并得到了不断的改进；还有一些学者（Graham，1999；Townsend，2001；Rutherford，2005；等）则利用地区之间互联网的基础结构、电信通信容量等电信基础设施数据来研究地区之间的联系，但这种方法相较于其他技术方法应用并不普遍。

可见，对地区间关系进行实证研究的方法有很多，但学者们对于日益强调城市分析中的"关系"属性有了基本的共识，认为城市是建立在流经它们的人口、资本、知识和信息等某些流的基础上的，并不是建立在城市所拥有的东西之上的。

国内学者利用"关系数据"对地区关系的研究则刚起步，虽然还处于较为初步的阶段，但取得了一些积极的进展。周一星和胡智勇利用以航空港客运量和每周航班数为主要内容的航空运输数据来分析航空网络的结构特点并进一步研究中国城市体系的空间结构；[6] 戴特奇、金凤君和王姣娥利用 1990~2000 年我国 200 多个地级以上

---

[1] David A. Smith and Michael Timberlake. Conceptualising and Mapping the Structure of the World Systems City System. *Urban Studies*, 1995 (2)：287-302.

[2] Kyoung-Ho Shin and Michael Timberlake. World Cities in Asia：Cliques, Centrality and Connectedness. *Urban Studies*, 2000 (12)：2257-2285.

[3] Junho. H. Choi, George A. Barnett and Bumsoo Chon. Comparing World City Networks：a Network Analysis of Internet Backbone and Air Transport Intercity Linkages, *Global Networks*, 2006 (1)：81-99.

[4] Ma Xiulian, Timberlake and Michael F. Identifying China's Leading World City：a Network Approach. *Geo Journal*. 2008, (1)：19-35.

[5] B. Derudder and F. Witlox. An Appraisal of the Use of Airline Data in Assessing the World City Network：A Research Note on Data. *Urban Studies*, 2005 (13)：2371-2388.

[6] 周一星、胡智勇：《从航空运输看中国城市体系的空间网络结构》，《地理研究》2002 年第 5 期。

城市间的铁路客流数据研究了我国城市空间相互作用与城市关联网络演进问题;[①] 沈丽珍、罗震东和陈浩利用经济联系量和交通可达性的理论模型和湖北城市间的人流、物流和信息流等要素流的基础数据,研究了区域流动空间的关系测度与整合问题;[②] 曹芳东、黄震方等利用 2000、2010 年两个时间断面数据对长江三角洲城市间交通通达的便捷程度进行了定量分析,并在此基础上测算了城市旅游经济联系强度和隶属度。[③] 这些为数不多的研究,其技术方法尽管还不能称得上成熟,还有很大提升的空间,但这些学者的贡献使我们对区域间关系的研究有了新的视角、新的认识。

因此,在充分考虑滇西地区经济发展所具有的显著的异质性特征等因素的基础上,本书对区域经济一体化水平的测度将采用相对价格法。另外,以人口流、资本流、知识流和信息流等为主要内容的"关系数据"可以很好地反映出两地之间要素流动、空间集聚的基本情况,除此之外,影响要素空间集聚的主要因素还有贸易、制度、技术、健全的基础设施等。[④] 考虑到滇西地区有关统计数据难以获得等因素,本书采用了名义 GDP、贸易依存度、客流强度指数、货物流强度指数以及等级公路里程来衡量滇西地区空间集聚与扩散的内在特征和变化趋势。

名义 GDP 可以衡量一个地区或城市的集聚力,一般而言,该指标值越大,则该地区或城市吸引外部要素进入该地区或城市的能力就越强,对其他地区或城市的辐射能力就越强,一体化的能力也就越强,反之,该指标越小,则一体化的能力也就越弱。

贸易依存度则在一定程度上反映了一个地区对外贸易的水平,

[①] 戴特奇、金凤君、王姣娥:《空间相互作用与城市关联网络演进——以我国 20 世纪 90 年代城际铁路客流为例》,《地理科学进展》2005 年第 2 期。
[②] 沈丽珍、罗震东、陈浩:《区域流动空间的关系测度与整合——以湖北省为例》,《城市问题》2011 年第 12 期。
[③] 曹芳东、黄震方、吴丽敏、徐敏:《基于时间距离视域下城市旅游经济联系测度与空间整合——以长江三角洲地区为例》,《经济地理》2012 年第 12 期。
[④] 刘乃全等:《空间集聚论》,上海财经大学出版社,2012,第 128 页。

同时也反映了一个地区与国际市场之间商品和要素流动的基本情况。

客流强度指数和货物流强度指数。这两个指标在一定程度上可以反映人口、资本等要素流动和集聚的情况，也能在一定程度上反映区内贸易的基本情况，还能在一定程度上反映区域内交通基础设施健全的程度。

交通运输条件。交通运输条件是地区之间人口流、资本流等流动的载体，因此交通运输条件会对人口、资本等要素的流动和集聚产生重要的影响，因此对交通运输条件进行考察将变得有意义。滇西地区的交通运输方式以公路为主，因此等级公路里程这一指标能较好地反映滇西地区的交通运输条件，一般而言，交通运输条件的改善将有利于提高区域经济一体化水平。

七 滇西区域经济研究文献回顾与评述

目前，对滇西区域经济进行研究的文献还比较少，具代表性的主要有：俸世荣和张毅根据库兹涅茨的统计分析模型，从人均GDP、劳动力就业结构以及城市化水平等维度研究了滇西地区所处的经济发展阶段，认为滇西人均GDP处于云南的最末层次，还处于工业化前的准备阶段，提出滇西地区的发展一要以带状发展模式为主，二要转变观念，充分利用好后发优势，三要在不同的区域次经济空间里采取差异化的发展方式。[1] 王云强认为生产力跨越式的发展是滇西区域经济发展的必然道路。[2] 孟庆红认为滇西的经济发展与滇中的差距正不断扩大，不利于云南建设总体小康社会，存在经济、社会不和谐的潜在风险，因而应当形成滇

---

[1] 俸世荣、张毅：《滇西区域经济发展分析》，《牡丹江大学学报》2010年第6期。
[2] 王云强：《跨越式发展视野下云南民族地区的产业政策选择》，《思想战线》2012年第2期。

中、滇西两极发展的模式,即确立昆明为滇中发展极,大理为滇西发展极,带动云南经济在空间上的可持续协调发展。①马金书在对大理市产业发展现状进行分析的基础上,提出了大理作为滇西中心城市建设产业支撑的战略定位。②赵果庆认为滇西工业多以资源开发型为主,具有比较优势产业群结构单一的特性,因此应当发挥静态比较优势,选择有动态比较优势的产业,实现产业集群发展。还认为,一要通过高新技术来改造传统产业,实现产业升级;二要通过工业园区建设,增强优势产业集聚的吸纳及承载能力;三要积极引进 FDI 以及承接东部发达地区的产业转移,实现滇西产业更新换代;四要构建以大理为核心的滇西 1+6 经济圈。就打造滇西经济圈问题,罗宏翔认为要明确滇西的发展定位,建设的关键是推进产业的融合,还要加强产业分工与合作,提高整体竞争力,加强基础设施建设,改善交通和区位条件,同时还要成立滇西经济圈协调领导小组,推进经济圈建设。③文淑惠与和玉华采用空间计量经济学的方法对滇西经济圈经济增长的主要影响因素进行了实证研究,结果表明滇西经济圈经济增长关联性较强,但经济增长不平衡,认为滇西经济圈目前要重点关注产业结构的调整和优化,避免产业低层次、同质化竞争。④何沁璇和骆华松认为桥头堡建设为滇西沿边地区产业带来了难得的机遇,因此认为应当通过加强境外合作、扶持新兴产业、合理开发旅游资源、加强交通体系建设使滇西地区在桥头堡建设过程中获得先机。⑤陈辞运用系统动力学理论,

---

① 张伟、孟庆红、罗宏翔:《2009 年云南省区域经济学会年会暨滇西经济发展论坛综述》,《云南社会科学》2010 年第 2 期。
② 马金书:《大理滇西中心城市建设的产业支撑问题研究》,《中共云南省委党校学报》2008 年第 5 期。
③ 张伟、孟庆红、罗宏翔:《2009 年云南省区域经济学会年会暨滇西经济发展论坛综述》,《云南社会科学》2010 年第 2 期。
④ 文淑惠、和玉华:《基于空间计量经济学的云南滇西经济圈经济增长主要因素分析》,《经济问题探索》2014 年第 2 期。
⑤ 何沁璇、骆华松:《基于桥头堡战略下的产业发展——以云南滇西为例》,《改革与战略》2011 年第 12 期。

并结合迈克尔·波特的竞争优势理论,从系统动力学思维的视角,考察滇西区域经济发展的影响因素与约束条件,认为要创新合作模式和体制、深化合作领域、促进信息高度共享和建设一体化交通体系以及区域性协调体系。[①]

对滇西区域经济的发展战略、空间布局、产业结构以及合作机制问题的研究,学者们倾注大量的心血,取得了一些积极的成果。一是认为进行滇西经济开发,加强和推进区域经济合作,不断提高滇西区域经济一体化的水平有利于缩小与滇中地区的差距,有利于云南区域经济的协调发展,有利于促进各民族的融合发展,维护我国边疆的稳定发展。二是对于发展战略而言学者们都倾向于要突出大理作为滇西中心城市的作用,进一步推动以大理为核心的滇西区域经济的一体化进程。三是对滇西区域经济合作机制的问题,部分文献强调了合作机制的重要性和重要意义,也提出了一些思考,但还是较为初步、较为零碎的,与构建一个有利于滇西区域经济一体化顺利实现的成熟合作机制还有相当距离。四是认为改善滇西地区交通网络结构,提高经济空间结构的整体性,进一步加强各州市的空间链接,对于最终实现滇西区域经济的一体化是极为重要的。

总体来看,对滇西区域经济的研究还有待加强,特别是对滇西区域经济一体化问题的研究还需要进一步深入。对滇西区域经济的研究之所以在近几年才逐渐被理论界和学术界所关注,并不是学者们有意的忽视,而更重要的是由滇西地区发展到现阶段的现实背景所决定的。从我国对区域经济一体化的研究来看,学术界对一区域的关注程度与该区域所处的发展阶段以及该区域的整合程度密切相关,例如长三角地区发展阶段处于更高的发展阶段,其区域经济整合程度较高,学术界自然对其的关注度也就更高。

---

① 陈辞:《基于 SD 模型的滇西区域经济发展及政策建议》,《绿色经济》2010 年第 6 期。

八　本章小结

　　学术界对区域经济一体化没有形成统一的、标准的定义，但有一点却是共识：区域经济一体化是指两个或多个国家（地区）通过经济的合作，来实现经济的共同发展。本书研究的区域经济一体化主要是指一国内部两个或多个地区之间通过经济合作、发挥各自比较优势，来实现生产要素的自由流动，促进经济的不断融合，实现经济的共同发展。就区域经济一体化的特征而言，滇西区域经济一体化，是同属一个国家内部部分地区的一体化，因此与通常所说的一体化组织形式具有一些异质性的特征：一是并不存在优惠关税、共同对外关税以及超国家经济组织的特征；二是要重点实现商品和生产要素的自由流动；三是区域内各州市之间需要经济政策的协调。

　　绝对成本论、比较成本理论、资源禀赋理论、技术差距理论和地理分工理论是区域经济一体化研究的基础理论，是区域经济一体化得以开展的动力学基础，而中心地理论、增长极理论、极化理论、核心—边缘理论、"倒U形"理论和一体化阶段理论是从空间形态、结构上对区域经济一体化过程的描述，是区域经济一体化的空间结构演进理论。经济学者们从发展中国家的实际出发，提出了适用于发展中国家区域经济一体化的理论，这将对处于发展阶段的中国特别是滇西地区来说，有很强的指导意义。通过对现有要素流动理论和空间集聚理论的回顾与梳理，本研究认识到从古典区位论到区域科学，没有能对从区位选择到集聚的思想做更为深入的研究和探索，反而使其被逐步边缘化。这种尝试的失败，迫使研究集聚问题的学者不得不放弃这一研究路径，转而寻找一种能够解释集聚形成机制的新思想、新路径。尽管空间问题一直广受区域经济学、城市经济学和经济地理学的关注，但在相当长的时间内，空间要素却无法纳入主流经济学的分析框架。这种情况直到保罗·克鲁格曼于1991年发表《收益递增和经济地理》一文后，才得以彻底改观，并标志着空间经济学的复兴。在此之后的20多年的时间里，空间经济学得到了极大发展，影响力越来越大。空间经济学把空间要素纳入了经济学主流的分析框架之中，建立了以具有很强现实性的不完全竞争、报酬递增和"冰山成本"为基础的，近乎完美的严谨的数理经济学理论模型，为研究滇西区域经济一体化的进程提供了很好的分析框架和研究方法。

从要素流动、空间集聚与区域经济一体化的研究框架来看，空间经济学是要素流动、空间集聚与区域经济一体化的理论基础。从空间经济结构演进的视角来看，在空间经济结构的演进过程中，有三个显著的结构形态和两个演进时期，而空间集聚和区域经济一体化实质上是空间经济结构演进过程在不同时期的具体表现，而促成这种空间经济结构演进的主要动力则是要素的流动，其实现形式是区域经济合作。关于要素流动、空间集聚与区域经济一体化的实证方法，一方面可从结果测度的角度即采用相对价格法来测度滇西地区区域经济一体化的程度，并将其作为模型中的被解释变量；另一方面可从过程测度的角度，即从区域之间的人口流、资本流、知识流和信息流等反映地区关系的"关系数据"入手，并将反映这些"关系数据"的相应的指标作为解释变量进行实证研究，力求刻画地区间的要素流动、空间集聚与区域经济一体化的进程。

在对滇西区域经济的发展战略、空间布局、产业结构以及合作机制问题的研究方面，学者们倾注大量的心血，取得了一些积极的成果。一是认为进行滇西经济开发，加强和推进区域经济合作，不断提高滇西区域经济一体化的水平有利于缩小与滇中地区的差距，有利于云南区域经济的协调发展，有利于促进各民族的融合发展，维护我国边疆的稳定发展。二是对于发展战略而言学者们都倾向于突出以大理作为滇西中心城市的作用，进一步推动以大理为核心的滇西区域经济的一体化进程。三是对于滇西区域经济合作机制的问题，部分文献强调了合作机制的重要性和重要意义，也提出了一些思考，但还是较为初步、较为零碎的，与构建一个有利于滇西区域经济一体化顺利实现的成熟合作机制还有相当距离。四是认为改善滇西地区交通网络结构，提高经济空间结构的整体性，进一步加强各州市的空间链接，对于最终实现滇西区域经济的一体化是极为重要的。总体来看，对滇西区域经济的研究还有待加强，特别是对滇西区域经济一体化问题的研究还需要进一步深入。对滇西区域经济的研究之所以在近几年才逐渐被理论界和学术界所关注，并不是学者们有意忽视，更重要的是由滇西地区发展到现阶段的现实背景所决定的。从我国对区域经济一体化的研究来看，学术界对一区域的关注程度与该区域所处的发展阶段以及该区域的整合程度密切相关，例如长三角地区发展阶段处于更高的发展阶段，其区域经济整合程度较高，学术界自然对其的关注度也就更高。

第三章 空间集聚视角下的滇西区域经济一体化：模型构建与指标选择

一 区域经济一体化水平测度

测度一体化程度的方法主要有生产法、贸易法、价格法、经济周期法、问卷调查法五大类，生产法、贸易法和价格法较为常见，但从现有的研究来看，生产法和贸易法均存在一定的缺陷：生产法在逻辑上并不能充分地表现所选指标和一体化程度之间的相关关系；贸易法则难以剔除规模经济、要素禀赋等因素变化对贸易流变化的影响，而价格法则被认为是一个有前景的方向，[1] 因此本研究将选取相对价格法这一相对可行的方法来测度区域经济一体化的程度。

利用相对价格法来测度一体化程度的理论基础是"一价定律"（LOP，Law of One Price），一价定律是指当贸易开放且没有交易费用时，同质的商品在不同的地点，其价格都应该是相等的（M. Friedman, 1953）。可是，交易成本是客观存在的。因此，"冰川成本模型"[2] 就应运而生了。该模型表明，只要两地之间的相对价格的取值不超过一定区间，则两地之间无边界效应，两地之间的

---

[1] 桂琦寒、陈敏、陆铭、陈钊：《中国国内商品市场趋于分割还是整合：基于相对价格法的分析》，《世界经济》2006年第2期。

[2] Samuelson, Paul. Theoretical Note on Trade Problem. *Review of Economics and Statistics*, 1954, (46): 145-164.

市场也是趋于整合的。由于两地之间客观地存在运输消耗等交易成本，因此两地的价格不会完全相等，而是会在一定的区间内波动。运输成本的下降、制度性壁垒的削弱都会带来交易成本的下降，一体化程度也就会随之增强，相对价格波动的区间也会相应地收窄（杨先明和刘岩，2010）。可见，冰川成本模型并没有全盘否定一价定律，而应该是对原有理论更进一步且更为合理的修正和完善。

借鉴相关前期研究（桂琦寒等，2006；杨先明和刘岩，2010；等等），构建如下的相对价格指数：

$$\Delta Q_{i,j,t} = \ln\left(\frac{P_{i,t}}{P_{j,t}}\right) - \ln\left(\frac{P_{i,t-1}}{P_{j,t-1}}\right) = \ln\left(\frac{P_{i,t}}{P_{i,t-1}}\right) - \ln\left(\frac{P_{j,t}}{P_{j,t-1}}\right) \quad (3-1)$$

式（3-1）中，t 为时期序号，$t = 1, 2, \cdots, T$；$P_{i,t}$ 为第 i 地的价格水平，$P_{j,t}$ 为第 j 地的价格水平，i 地和 j 地是相邻的地区。如果 i 地和 j 地的一体化程度不断提高，那么相对价格指数的绝对值理论上应当是趋于收敛的，反之如果 i 地和 j 地的一体化程度在不断下降，相对价格指数的绝对值理论上则应当是趋于发散的。所以测度 i 地和 j 地的一体化程度的指数可以用相对价格指数的绝对值来加以表示，指数值越小则一体化程度越高，指数值越大则一体化程度越低。在 t 时期内，某一地的一体化水平可以用该地和所有与该地相邻地区之间的相对价格指数绝对值的平均数来表示。

二 基本模型的设定、变量设计与指标选择

本研究在借鉴相关研究（范爱军[①]，2007；杨先明和刘岩，2010；等等）并考虑滇西地区异质性特征的基础上设计了如下的解释变量，并通过与之对应的指标来实证研究区域要素空间集聚与扩

---

① 范爱军、李真、刘小勇：《国内市场分割及其影响因素的实证分析——以我国商品市场为例》，《南开经济研究》2007 年第 5 期。

散的特征。

（1）名义 GDP，该指标能比较客观地反映一个国家或者地区的发展水平以及发展程度。一般而言，该指标值越大，则该地区或城市吸引外部要素进入该地区或城市的能力就越强，越能降低市场分割水平，进而一体化的能力也就越强，反过来讲，该指标越小，则该地区或城市吸引外部要素进入该地区或城市的能力就越弱，越会提高市场分割的程度，进而一体化的能力也就越弱。因此我们预计这个变量的系数为负。

（2）贸易依存度。对于贸易依存度对市场分割进而对区域经济一体化的影响，学术界存在争议，不同的开放程度会有不同的作用（杨先明和刘岩，2010）。因此这个变量的系数不确定，是需要进一步研究的问题。

（3）交通运输条件。一般而言，交通运输条件的提高，将降低要素流动的成本，进而将更加有利于要素的流动与集聚，并最终有利于提高区域经济一体化水平。因此我们预计这个变量的系数为负。

（4）对人口流动的测度。本研究将采用客流强度指数来考察地区之间动态人口流动的强度和变化，这会使我们能清晰地看到更短时间内人口要素流动的变化及影响。考虑到滇西地区各地相互连接的交通方式以公路为主，故采用公路旅客周转量来衡量客流强度指数。这一指标值越大，短时间内人口要素流动的流量就越大，就越能促进区域经济的一体化。因此我们预计这个变量的系数为负。

（5）对货物资本流动的测度。本研究将通过货物流强度指数来考察地区之间动态实物资本流动的强度和变化。基于前述原因，采用公路货物周转量来衡量货物强度指数。这一指标值越大，动态实物资本流动的强度就越大，就越能促进区域经济的一体化。这一指标数值的增大，也在一定程度上说明这一区域交通基础设施的健全水平在提高，而交通基础设施的进一步健全则会降低运输成本，区域经济的一体化程度也会随之提高。因此我们预计这个变量的系数为负。

第三章　空间集聚视角下的滇西区域经济一体化：模型构建与指标选择 | 077

为研究"关系数据"等相关要素对区域经济一体化趋势的影响程度，本研究建立动态面板数据回归方程如下：

$$\ln(I_{i,t}) = \beta_0 + \beta_1\ln(I_{i,t-1}) + \beta_2\ln(GDP_{i,t}) + \beta_3\ln(Trade_{i,t}) + \beta_4\ln(Trans_{i,t}) + \beta_5\ln(P_{i,t}) + \beta_6\ln(K_{i,t}) + \varepsilon_{i,t} \quad (3-2)$$

其中，i 为各地区的排列序号，$i=1, 2, \cdots, N$；t 为时期序号，$t=1, 2, \cdots, T$；$I_{i,t}$ 表示表示 i 地区第 t 年度的区域经济一体化指数；$I_{i,t-1}$ 表示 i 地区第 t 年度上一期的区域经济一体化指数；$GDP_{i,t}$ 表示 i 地区第 t 年度的 GDP；$Trade_{i,t}$ 表示 i 地区第 t 年度的贸易依存度；$Trans_{i,t}$ 表示 i 地区第 t 年度的交通运输条件；$P_{i,t}$ 表示 i 地区第 t 年度的人口要素流动强度指数；$K_{i,t}$ 表示 i 地区第 t 年度的实物资本流动强度指数；β_0 为截距项，β_1、β_2、β_3、β_4、β_5 和 β_6 为待估计参数；$\varepsilon_{i,t}$ 为随机扰动项。另外，我们对所有变量采用了取自然对数的形式，以减弱数据的异方差性。

三　本章小结

测度一体化程度的方法主要有生产法、贸易法、价格法、经济周期法、问卷调查法五大类，生产法、贸易法和价格法较为常见，但从现有的研究来看，生产法和贸易法均存在一定的缺陷：生产法在逻辑上并不能充分地表现所选指标和一体化程度之间的相关关系；贸易法则难以剔除规模经济、要素禀赋等因素变化对贸易流变化的影响，而价格法则被认为是一个有前景的方向，因此本研究将选取相对价格法这一相对可行的方法来测度滇西地区区域经济一体化的程度。

本研究在借鉴相关研究并考虑滇西地区异质性特征的基础上设计了名义 GDP、贸易依存度、交通运输条件、客流强度指数和货物流强度指数的解释变量，并通过与之对应的指标来实证研究区域要素空间集聚与扩散的特征。

第四章　空间集聚视角下的滇西区域经济一体化：实证研究

一　滇西区域经济一体化水平测度

本研究数据来源于 2003~2013 年滇西各州市统计局所发布的《统计年鉴》中公布的相关数据。根据式（3-1），首先计算出 2004~2013 年滇西地区各州市与邻近州市的相对价格指数，其均值即是该州市的区域经济一体化指数，这样可以得到 7 个州市 10 年即 2004~2013 年的区域经济一体化程度变化的情况。然后再将这 7 个州市的区域经济一体化指数求均值，便可得到滇西地区的区域经济一体化指数。具体测算结果如表 4-1 所示。

表 4-1　滇西地区各州市区域经济一体化指数表

	迪庆州	丽江市	怒江州	大理州	保山市	临沧市	德宏州	滇西地区
2004 年	0.0386	0.0195	0.0259	0.0181	0.0093	0.0057	0.0134	0.0186
2005 年	0.0122	0.0293	0.0081	0.0116	0.0262	0.0100	0.0229	0.0172
2006 年	0.0024	0.0063	0.0045	0.0095	0.0146	0.0240	0.0185	0.0114
2007 年	0.0080	0.0117	0.0066	0.0082	0.0078	0.0123	0.0019	0.0081
2008 年	0.0141	0.0125	0.0129	0.0109	0.0218	0.0241	0.0237	0.0172
2009 年	0.0065	0.0094	0.0056	0.0112	0.0245	0.0274	0.0307	0.0165
2010 年	0.0072	0.0067	0.0071	0.0024	0.0027	0.0010	0.0019	0.0041
2011 年	0.0052	0.0088	0.0070	0.0041	0.0086	0.0033	0.0096	0.0067

续表

	迪庆州	丽江市	怒江州	大理州	保山市	临沧市	德宏州	滇西地区
2012 年	0.0054	0.0066	0.0045	0.0068	0.0070	0.0068	0.0068	0.0063
2013 年	0.0029	0.0010	0.0010	0.0010	0.0029	0.0034	0.0059	0.0026

从表 4-1 来看，滇西地区区域经济一体化指数在所观测的 10 年中第一年即 2004 年的值最大为 0.0186，这说明 2004 年滇西地区的区域经济一体化程度最低。然后，从 2005 年开始指数数值逐步下降直至 2007 年达到 0.0081；在 2008 年发生一次波动，回升到 0.0172，接下来又开始下降，到 2010 年下降至 0.0041；在 2011 年发生第二次波动，指数上升到 0.0067，2012 年和 2013 年呈进一步下降的趋势，达到了考察期的最低点 0.0026。因此，滇西地区区域经济一体化程度在波动中逐步提高，区域经济正逐步趋于整合。

二 计量模型、数据、描述性统计及模型修正

为研究"关系数据"等相关要素对滇西区域经济一体化趋势的影响程度，本研究建立动态面板数据回归方程如下：

$$\ln(I_{i,t}) = \beta_0 + \beta_1\ln(I_{i,t-1}) + \beta_2\ln(GDP_{i,t}) + \beta_3\ln(Trade_{i,t}) + \beta_4\ln(Trans_{i,t}) + \beta_5\ln(P_{i,t}) + \beta_6\ln(K_{i,t}) + \varepsilon_{i,t} \qquad (4-1)$$

其中，i 为滇西地区的排列序号，迪庆州为 1，丽江市为 2，怒江州为 3，大理州 4，保山市为 5，临沧市为 6，德宏州为 7，$i=1$, 2, $\cdots$, 7；t 为时期序号，$t=1$, 2, $\cdots$, 10，样本从 2004 年到 2013 年，共有 10 年；$I_{i,t}$ 表示表示 i 地区第 t 年度的区域经济一体化指数；$I_{i,t-1}$ 表示 i 地区第 t 年度上一期的区域经济一体化指数；$GDP_{i,t}$ 表示 i 地区第 t 年度的 GDP；$Trade_{i,t}$ 表示 i 地区第 t 年度的贸易依存度；$Trans_{i,t}$ 表示 i 地区第 t 年度的交通运输条件；$P_{i,t}$ 表示 i 地区第 t

年度的人口要素流动强度指数；$K_{i,t}$ 表示 i 地区第 t 年度的实物资本流动强度指数；β_0 为截距项，β_1、β_2、β_3、β_4、β_5 和 β_6 为待估计参数；$\varepsilon_{i,t}$ 为随机扰动项。

本研究的数据是基于样本为滇西地区七个市州、2004~2013 年七地统计局所发布的数据建立起来的面板数据。区域经济一体化指数的测度即为表 4-1 的测算结果。表 4-2 给出了各变量的描述性统计结果。

表 4-2 描述性统计

变量	均值	极大值	极小值	标准差
全样本				
I	0.0109	0.0386	0.0010	0.0085
GDP	176.2277	760.77	16.6	155.1525
$Trade$	0.1004	0.7510	0.0041	0.1836
$Trans$	5757.0429	13700	897	3304.3044
P	178612.01	814790	12280	222147.7053
K	218872.68	685412	13777	181881.0369

按照模型估计的一般程序，我们首先进行了皮尔逊相关性检验，结果表明模型中个别变量之间存在高度的相关性，具体如表 4-3 所示。这样，模型会因为个别变量存在的高度相关性而有可能存在多重共线性和估计偏误，因此需要进行修正和必要的技术处理，即剔除存在高度相关的自变量，并分别进行估计，以消除多重共线性和估计偏误存在的可能。基于这样的认识，将计量模型 (4-1) 做如下修正，建立以下 3 个基本模型：

$$\ln(I_{i,t}) = \beta_0 + \beta_1 \ln(I_{i,t-1}) + \beta_2 \ln(GDP_{i,t}) + \beta_3 \ln(Trade_{i,t}) + \varepsilon_{i,t}$$

$$(4-2)$$

$$\ln(I_{i,t}) = \beta_0 + \beta_1 \ln(I_{i,t-1}) + \beta_2 \ln(Trade_{i,t}) + \beta_3 \ln(Trans_{i,t}) + \beta_4 \ln(P_{i,t}) + \varepsilon_{i,t}$$

$$(4-3)$$

$$\ln(I_{i,t}) = \beta_0 + \beta_1 \ln(I_{i,t-1}) + \beta_2 \ln(Trade_{i,t}) + \beta_3 \ln(Trans_{i,t}) + \beta_4 \ln(K_{i,t}) + \varepsilon_{i,t}$$

(4-4)

表4-3 皮尔逊相关性检验

	I	GDP	$Trade$	$Trans$	P	K
I	1.0000					
GDP	-0.3091	1.0000				
$Trade$	0.1009	-0.1030	1.0000			
$Trans$	-0.1485	0.8515	-0.1376	1.0000		
P	-0.1865	0.8085	-0.0987	0.6148	1.0000	
K	-0.2243	0.8027	-0.1677	0.6347	0.8716	1.0000

三 计量结果分析

因为要估计的模型是一个动态面板数据模型，有可能存在解释变量与随机扰动项相关和横截面相依性的问题，所以如果采用传统的估计方法，必然存在参数估计的非一致性和有偏性。为此，Arellano 和 Bond[①]、Blundell 和 Bond[②] 提出了 GMM 估计方法，很好地解决了上述问题。

表4-4 给出了使用差分 GMM 估计方法对模型（4-2）进行估计的结果。首先使用两步差分 GMM 估计方法对所有自变量的滞后项即模型（4-2-1）进行估计，AR（1）和 AR（2）检验表明差分以后的随机误差项不存在二阶序列相关，Sargan 检验和 Hansen 检验表明工具变量是外生的，模型估计结果是有效的。估计结果表明，在 2004~2013 年，只有 GDP 的滞后项参数估计的结果通过了

---

① Arellano, Bond. Some Tests of Specification for Panel Data: Monte Carlo Evidence and anApplication to Employment Equations. *Review of Economic Studies*, 1991, (2).
② Blundell, Bond. Initial Conditions and Moment Restrictions in Dynamic Panel Data Models. *Journal of Econometrics*, 1998, (87).

显著性水平为 0.05 的显著性检验,贸易依存度和因变量的滞后项并没有通过显著性检验。控制了时间的影响之后,使用一步差分 GMM 估计方法对模型(4-2-2)进行估计,AR(1)和 AR(2)检验表明差分以后的随机误差项不存在二阶序列相关,Sargan 检验表明工具变量是外生的,模型估计结果是有效的。估计结果表明,在 2004~2013 年,只有贸易依存度参数估计的结果通过了显著性水平为 0.1 的显著性检验,其他自变量并没有通过显著性检验。

表 4-4　模型(4-2)基本回归结果

	区域经济一体化指数	
	模型(4-2-1)	模型(4-2-2)
$\ln I_{t-1}$	0.0403734 (0.074611)	-0.1033984 (0.100036)
$\ln GDP$		-0.0000173 (0.0000157)
$\ln GDP_{t-1}$	-0.0000456** (0.0000179)	
$\ln Trade$		-0.00412685* (0.0218963)
$\ln Trade_{t-1}$	0.1624666 (0.1145175)	
年份虚拟变量	no	yes
AR(1)	0.074	0.002
AR(2)	0.136	0.306
Sargan	0.057	0.122
Hansen	1.000	

注:***、**、* 分别表示 0.01、0.05 和 0.1 的显著性水平,AR(1)、AR(2)、Sargan 和 Hansen 分别表示 AR(1)检验 P 值、AR(2)检验 P 值、Sargan 检验 P 值和 Hansen 检验 P 值。

表 4-5 给出了使用两步差分 GMM 估计方法对模型（4-3）和模型（4-4）进行估计的结果。在 5% 的显著性水平下，AR（1）和 AR（2）检验表明差分以后的随机误差项不存在二阶序列相关，Sargan 检验和 Hansen 检验表明工具变量是外生的，模型估计结果是有效的。估计结果表明，在考察期内，贸易依存度参数估计的结果在两个模型中都通过了显著性水平为 0.01 的显著性检验，而交通运输条件则在两个模型中都没有通过显著性检验，人口要素流动强度指数通过了显著性水平为 0.1 的显著性检验，实物资本流动强度指数通过了显著性水平为 0.01 的显著性检验。

表 4-5 模型（4-3）和模型（4-4）基本回归结果

	区域经济一体化指数	
	模型（4-3）	模型（4-4）
$\ln I_{t-1}$	-0.0314272 (0.1542677)	0.2222414 (0.1587129)
$\ln Trade$	-0.0386988 *** (0.010342)	-0.0453883 *** (0.0136676)
$\ln Trans$	0.00000021 (0.000000459)	0.000000332 (0.000000434)
$\ln P$	-0.0000000999 * (0.0000000516)	
$\ln K$		-0.0000000545 *** (0.0000000117)
年份虚拟变量	no	no
AR（1）	0.194	0.147
AR（2）	0.05	0.081
Sargan	0.024	0.028
Hansen	1.000	1.000

注：***、**、* 分别表示 0.01、0.05 和 0.1 的显著性水平，AR（1）、AR（2）、Sargan 和 Hansen 分别表示 AR（1）检验 P 值、AR（2）检验 P 值、Sargan 检验 P 值和 Hansen 检验 P 值。

动态面板数据模型的数据应当具有平稳性的性质，否则会出现虚假回归的问题，而如果残差为平稳序列，则动态面板数据是平稳的。基于此，为了保证估计结果的有效性，本研究对估计得到的残差进行了平稳性检验，结果表明本研究的动态面板数据模型的数据具备平稳性，说明本研究的结论具有较好的稳健性。

通过对上述模型的估计，我们得出如下结论。

（1）在考察期内，区域经济一体化指数滞后项的参数估计结果没有通过显著性检验，这表明滇西地区上一期的区域经济一体化程度对下一期的区域经济一体化的延续性影响没有产生或者趋于减弱，影响并不大。

（2）在考察期内，GDP的参数估计结果没有通过显著性水平为0.01、0.05和0.1的显著性检验，而GDP的滞后项的参数估计的结果却通过了显著性水平为0.05的显著性检验且显著为负，这表明GDP对区域经济一体化的影响不显著，而GDP的滞后项对区域经济一体化的影响显著为负，表明在同一时期内，GDP不是推进滇西区域经济一体化的主要原因，而GDP对滇西区域经济一体化的影响存在时滞效应，具有一定的延续性，其影响是长期性的而不是短期性的。

（3）在考察期内，贸易依存度的参数估计结果通过了显著性检验且显著为负，而滞后项却没有能通过显著性检验，这表明滇西地区贸易依存度越高，越能提高区域经济一体化的水平，而延续性的影响并不显著，影响不大。

（4）在考察期内，交通运输条件的参数估计结果没有通过显著性水平为0.01、0.05和0.1的显著性检验，这表明交通运输条件不是推进滇西区域经济一体化的主要原因，这与经济理论上的认识并不一致。产生这样的结果，一方面可能是研究方法的选择、数据的缺乏、指标选择等可能的问题导致的；另一方面可能是滇西地区的某些特殊性和关系数据所具有的某些局限性以及模型中的其他因素所造成的。

（5）在考察期内，人口要素流动强度的参数估计结果通过了显著性水平为0.1的显著性检验,这表明人口要素流动强度的增强有助于提升滇西区域经济一体化的水平。

(6)在考察期内,实物资本流动强度的参数估计的结果通过了显著性水平为0.01的显著性检验,这表明实物资本流动强度的增强有助于提升滇西区域经济一体化的水平。

四 本章小结

本章基于2004~2013年滇西地区的面板数据,建立了动态面板数据模型,从要素流动、空间集聚的角度实证研究了滇西区域经济一体化的问题。依据实证的结果,可以总结如下。

第一,从所观测的10年来看,滇西地区区域经济一体化程度在波动中逐步提高,区域经济正逐步趋于整合。

第二,滇西地区上一期的区域经济一体化程度对下一期的区域经济一体化的延续性影响没有产生或者趋于减弱,影响并不大。

第三,GDP对滇西区域经济一体化的影响不显著,而GDP的滞后项对区域经济一体化的影响显著为负,表明在同一时期内,GDP不是推进滇西区域经济一体化的主要原因,而GDP对滇西区域经济一体化的影响存在时滞效应,具有一定的延续性,其影响是长期性的而不是短期性的。

第四,滇西地区贸易依存度越高,越能提高区域经济一体化的水平,而延续性的影响并不显著,影响不大。

第五,交通运输条件不是推进滇西区域经济一体化的主要原因,这与经济理论上的认识并不一致。产生这样的结果,一方面可能是研究方法的选择、数据的缺乏、指标选择等可能的问题导致的;另一方面可能是滇西地区的某些特殊性和关系数据所具有的某些局限性以及模型中其他因素所造成的。

第六,人口要素流动强度和实物资本流动强度的增强有助于提升滇西区域经济一体化的水平。

第五章 空间集聚视角下的滇西区域经济一体化：发展机遇与面临的挑战

一 滇西区域经济一体化的发展机遇

（一）空前的优惠政策使滇西区域经济的发展获得了新的机遇，受到了前所未有的关注

滇西地区所获得的各种政策的优惠程度达到了空前的高度和水平，使滇西区域经济的发展获得了新的历史机遇。滇西地区几乎可以享受到国内各层级和与本区域有关的跨国层面的优惠政策，具体如表 5-1 所示。

表 5-1 滇西地区享受到的优惠政策

层级	政策名称	主要内容
跨国层面	大湄公河次区域经济合作	大湄公河次区域经济合作始于1992年，由亚洲开发银行牵头发起，涉及流域内的中国（云南）、缅甸、老挝、泰国、柬埔寨和越南等国家，其宗旨在于通过加强成员国家之间的经济联系，促进次区域的经济和社会的发展。大湄公河次区域经济合作以项目为主，截止到2010年底，各成员国开展了227个合作项目，主要涉及交通、电信、能源、环境、农业、贸易便利化与投资等九大重点领域，投入资金约为140亿美元，促进了成员国之间的贸易往来、产业合作和经济社会的发展

续表

层级	政策名称	主要内容
跨国层面	中国—东盟自由贸易区	中国—东盟自由贸易区于2010年1月1日正式建成，是中国与东盟十国建立的自由贸易区。根据《中华人民共和国与东南亚国家联盟全面经济合作框架协议》，合作双方将有7000多种商品享受零关税待遇，实现货物贸易的自由化。中国与东盟将向对方实质性地开放各自的内部市场，正逐步实现服务贸易的自由化，同时中国与东盟的相互投资将更为透明、便利、自由与公正
	孟中印缅经济走廊	孟中印缅经济走廊是李克强总理2013年5月访问印度时提出的，并得到了孟加拉国、印度和缅甸三国的积极响应。建设孟中印缅经济走廊的目的在于通过充分发挥域内四国的比较优势来加强中印两大市场更为紧密的联系，实现东亚、南亚和东南亚经济板块的融合发展。当前，孟中印缅经济走廊建设的重点是互联互通合作、共建产业园区、金融业合作以及能源合作
	"一带一路"	"一带一路"是"丝绸之路经济带"和"21世纪海上丝绸之路"的简称。"一带一路"是习近平主席在2013年9月和10月访问中亚四国和印度尼西亚时提出的中国与有关国家合作发展的战略构想。该战略着眼于沿线国家的经济发展差距、资源禀赋差异和较强的经济互补性，以政策沟通、设施联通、贸易畅通、资金融通、民心相通为主要内容进行广泛的经济合作，这使东亚、东南亚、南亚、中亚、欧洲南部和非洲东部连在了一起，从而实现了区域经济在更大范围上的进一步整合。当前，"一带一路"已取得了很大的进展，有些合作领域已经进入了务实合作阶段
国家层面	沿边开放战略	1992年，国家为了发展边境贸易和经济技术合作、促进边疆繁荣稳定实施了沿边开放战略，2008年该战略得到了进一步深化。该战略实施初期，主要通过税收优惠政策、金融支持政策、边民互市贸易等方式来促进沿边地区与毗邻国家的经济合作。当前，沿边开放战略的重点是提升对外开放水平，其政策重点主要包括通过设立国家层面的专项基金支持边境贸易的发展，大幅提升边民贸易免税额，以及通过设立沿边开放实验区来进一步深化国家级的边境合作区等方面

续表

层级	政策名称	主要内容
国家层面	西部大开发战略	2000年，国家为了实现区域经济的协调发展，提高西部地区的经济社会发展水平提出了西部大开发战略。这一战略的政策重点：一是在财政方面逐步加大中央财政对西部地区一般性的转移支付，提高中央财政对西部地区建设的支持力度，对西部地区属于国家鼓励发展产业的企业实行税收优惠的政策；二是加大国家政策性贷款对西部地区的支持力度，鼓励商业银行增加对西部地区的信贷规模；三是鼓励西部地区非公有制经济加快发展，允许非公有制企业进入对外资企业开放的领域；四是进一步加大西部地区对外开放的力度；五是对土地与资源开发方面给予政策优惠。政策的核心在于通过加大资金投入、放松管制等途径创造出有利于西部地区经济更快发展的条件
	兴边富民行动	兴边富民行动即为振兴边境、富裕边民行动，由国家民委于1998年倡议发起，其核心目标是提升沿边地区发展水平，实现边民脱贫致富。政策重点是加大资金投入、提高边境地区基础设施水平、增强自我发展能力、加大对口帮扶力度、扩大对内对外开放水平等
	面向西南开放的桥头堡战略	面向西南开放的桥头堡战略是时任国家主席胡锦涛2009年7月考察云南后提出的战略构想，2011年国务院下发了《国务院关于支持云南省加快建设面向西南开放重要桥头堡的意见》，表明该战略进入了具体实施阶段。政策重点是加大中央财政的转移支付与投资力度、加大重大基础设施的建设力度与金融支持力度、实施差别化符合云南比较优势的产业政策、加大机制体制的创新与改革力度等
	中国农村扶贫开发纲要（2011—2020年）	2011年，国务院发布了《中国农村扶贫开发纲要（2011—2020年）》将滇西边境山区等14个集中连片特困地区作为扶贫攻坚的主战场。政策重点：一是完善有利于贫困地区和扶贫对象的扶贫战略及政策体系；二是加大财税支持的力度；三是对连片特困地区实行投资倾斜的政策；四是完善国家扶贫贴息贷款的政策，鼓励各金融机构对特困地区提供更为完善和优质的金融服务；五是实行产业扶持的政策等
	对西藏、四省藏区的特殊扶持政策	中国政府历来十分重视西藏和四省藏区的发展，从1980年起先后召开了五次西藏工作座谈会，提出了对西藏、四省藏区的特殊扶持政策。第五次西藏工作座谈会提出的特殊优惠政策涵盖了投资、金融、生态建设、财政税收、改善农牧民生活、社会事业、工资待遇、对口支援等方面

续表

层级	政策名称	主要内容
省级层面	跨国经济合作区	跨国经济合作区指云南省为了充分发挥云南与越南、老挝、缅甸等国毗邻的优势,在河口、磨憨、姐告分别设置的中越、中老、中缅跨境经济合作区。与本研究有关的姐告中缅跨境经济合作区,中方范围为1020平方公里,缅方范围约为300平方公里,是云南最大的跨境经济合作区。该合作区的产业发展以保税仓储、国际贸易、进出口加工装备、跨境旅游购物等为重点
	国际大通道建设	国际大通道建设是云南省为了充分发挥云南具有的沟通太平洋、印度洋,连接我国腹地、东南亚、南亚三大市场的独特优势而提出的战略。截至目前,大通道建设已粗具雏形,形成了东、中、西三条国际大通道。以与本研究直接有关的西路为例,西路沿滇缅公路、中印公路经密支那、八莫、腊戌等地直达仰光,还可经密支那到达孟加拉国和印度

资料来源:笔者依据有关资料制成。

从表5-1来看,当前涉及滇西地区的各种优惠政策包括跨国层面的优惠政策、国家层面的优惠政策,还包括省级层面的优惠政策,各种优惠政策的叠加效应十分显著。优惠政策是影响微观经济行为主体的重要因素,因此滇西地区所具备的显著的优惠政策叠加效应必然为滇西区域经济的发展提供新机遇。

与此同时,各种层面发展战略的集聚使滇西地区的发展提升到了一个更高的高度,受到了空前的关注,主要表现在两个方面:一是滇西地区的发展关系到了我国西南边疆的民族团结和政治稳定,已经不纯粹是我国境内某一个区域的发展问题,而变成了一个全国性问题,上升到了国家层面的高度;二是滇西地区已经成为我国参与上述跨国合作的战略高地,不但受到了我国政府和东盟各国政府的高度关注,而且受到了世界银行、亚洲开发银行等国际组织的高度关注。按照经济学理论,这种多层面战略的集聚与叠加将使滇西地区产生优惠政策的放大效应,使其成为要素集聚的高地,这也必将为滇西区域经济的发展提供新的发展机遇。

(二) 空间区位的变迁使滇西区域经济的发展获得了前所未有的机遇

从全球范围看，空间区位包括毗邻世界经济中心市场的空间区位、毗邻经济大国但远离世界经济中心市场的空间区位、远离经济大国也远离世界经济中心市场的空间区位三种类型。[①] 我国东部沿海地区空间区位条件十分优越，一方面毗邻日本等经济大国，同时还由于成本近乎为"零"的海运条件而"毗邻"美国等世界经济中心市场。东部沿海地区对外开放战略是为了充分发挥毗邻经济大国和世界经济中心市场的区位优势和海运成本近乎为"零"的自然优势而实施的。得益于对区位优势和自然优势的充分挖掘及相应的制度供给，东部沿海地区已经成为我国面向经济大国和世界经济中心市场开放的前沿和我国经济发展的高地。与之相比，由于缺乏相应的空间区位优势，处于我国南部陆路边疆的滇西地区不但远离经济大国和世界经济中心市场，还远离国内经济中心市场，逐渐成为我国对外开放的后方和我国经济发展的洼地，处于我国经济发展的边缘地带。但是，随着沿边开放、兴边富民等多层面发展战略的逐步实施，滇西地区的空间区位发生了深刻的变迁。目前，多层面战略的集聚与叠加使滇西地区的空间区位发生了根本性的转化，由原来一个远离国际和国内市场的区域转化成了一个临近国际市场、连接国内市场和国际市场的桥梁区域（具体如图 5-1 所示）。这种空间区位的深刻变迁必将对滇西区域经济的发展产生深刻的影响，这种影响主要表现在两个方面：一是空间区位的深刻变迁进一步放大了滇西地区的空间优势，这种被放大了的比较优势将极大地增强滇西地区吸引外部投资、参与国际经济合作的能力，最终将对滇西地区加快发展极为有利；二是空间区位的深刻变迁使滇西地区毗邻其

[①] 世界银行：《2009 年世界发展报告：重塑世界经济地理》，清华大学出版社，2009，第 270~272 页。

他国家的边界效应逐步消解,加快了劳动、资本、技术等要素的流动速度,必然有利于滇西地区加快发展。

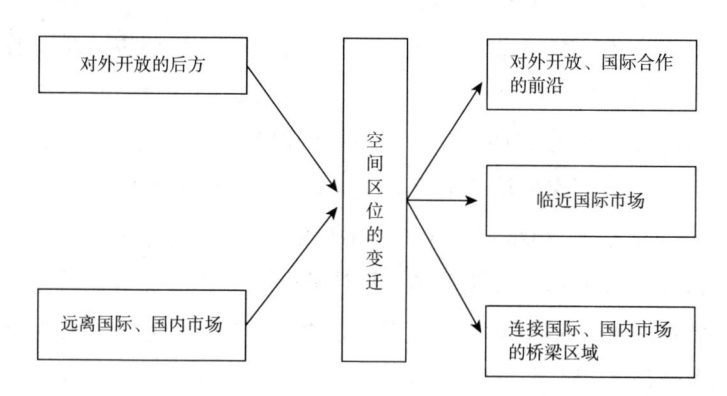

图 5-1　多层面战略集聚与叠加后滇西地区的区位变迁

(三) 我国经济能量的加速溢出为滇西区域经济的发展提供了新的机遇

中国经济发展已进入"新常态",在未来一段时期内经济增长的速度将有所放缓,但依然会保持较快增长的态势,更为重要的是受这一态势的影响其经济总量规模也将继续保持扩张的趋势,这也必将带来我国经济能量的加速溢出。2006 年,英国经济学人信息部(Economist Intelligent Unit,EIU)在其发表的论著 Foresight 2020: Economic Industry and Corporation Trends 中进行了预测:中国的 GDP 将在未来 10 年内占到全球 GDP 的 16.6% 以上(以购买力平价计算),到 2020 年更是能够发展成为能与欧盟和美国比肩的经济体。2012 年,世界银行和国务院发展研究中心联合课题组发表了研究报告《2030 年的中国——建设现代、和谐、有创造力的社会》,研究结果表明:中国经济增速由于驱动中国经济增长的人口红利增加、全要素生产率提升、投资增长、出口规模扩大等有利因素的不可避免的放缓、减少,甚至有些有利因素的消失而放缓,并将呈现出不可逆转的趋势。但是,随着我国经济结构的进一步调整和改革的进一步深化以及新型城镇化的全面推进,还有中等收入群体的不断扩大所带来的消费经济的扩张会在一定程度上消解不利影响,我国经济将继续保持较快的增长态势。该研究还进一步对我国经济的年均增长速度进行了预测:年均增长速度从总体来看会呈现放缓的趋势,但在2016~2020年仍然可以到达年均7%的增长,在2021~2025年尽管经济增长还将继续下滑,但还是可以达到年均5.9%的增长,在2026~2030年,年均潜在增长率还可以达到5%。具体如表5-2所示。按照市场价格计算,如果中国经济能够实现这样的增长速度,那么中国完全有可能在2020年超越美国成为世界第一大经济体。[①]

表5-2 我国经济增长远景展望

单位:%

	1995~2010年	2011~2015年	2016~2020年	2021~2025年	2026~2030年
GDP潜在增长率	9.9	8.6	7.0	5.9	5.0
就业增长率	0.9	0.3	-0.2	-0.2	-0.4
劳动生产率的增长率	-8.1	-8	-7.4	-6.3	-5.8

注:潜在增长率、就业增长率和劳动生产率增长率为年均增长率;2010年以前为实际值,之后为预测值。

资料来源:世界银行和国务院发展研究中心联合课题组:《2030年的中国——建设现代、和谐、有创造力的社会》,中国财政经济出版社,2013。

近年来,我国经济总量规模的持续扩张使我国的货物进出口贸易、对外经济合作、对外直接投资等都呈现出了持续且快速扩张的发展趋势。以2013年为例,中国对外投资规模为6604.78亿美元,创了历史新高,其中对亚洲的直接投资为4474.08亿美元,对毗邻云南的越南的投资则为21.67亿元;中国进口总额和出口总额分别

[①] 世界银行、国务院发展研究中心联合课题组:《2030年的中国——建设现代、和谐、有创造力的社会》,中国财政经济出版社,2013。

为 19499.89 亿美元和 22090.04 亿美元,而我国对亚洲的进口总额和出口总额分别为 10899.38 亿美元和 11340.70 亿美元,对云南周边 8 国的进口总额和出口总额分别为 1072.83 亿美元和 1977.45 亿美元;从对外经济合作的角度看,2013 年我国对外承包工程完成营业额为 1371.40 亿美元,其中对亚洲为 643.98 亿美元,对云南周边 8 国为 185.42 亿美元,占到了亚洲的 28.79%,而 2013 年我国对外劳务合作派出劳务人数为 256000 人,其中对亚洲为 130888 人,占总数的 51.13%,对云南周边 8 国为 37132 人(具体如表 5-3 所示)。根据经济地理学理论,毗邻经济大国的地区能够最大限度地享受到经济大国的溢出效应,而作为全球第二大经济体的中国,其经济能量的加速外溢,将促使亚洲国家,特别是云南周边的东南亚国家显著受益,而与中国经济中心市场没有边界分割的滇西地区则更能获得这种外溢效应,获得经济发展的新机遇。

表 5-3　2013 年我国对世界、亚洲、云南周边国家的货物进出口贸易、对外经济合作与对外直接投资

地区	进口总额（亿美元）	出口总额（亿美元）	对外直接投资（亿美元）	对外承包工程完成营业额（亿美元）	对外劳务合作派出劳务人数（人）	对外劳务合作年末在外人数（人）
世界	19499.89	22090.04	6604.78	1371.40	256000	483000
亚洲	10899.38	11340.70	4474.08	643.98	130888	166523
缅甸	28.57	73.39	—	12.61	2373	8701
老挝	10.10	17.23	—	19.69	11203	10912
越南	168.92	485.86	21.67	35.93	5746	9542
泰国	385.23	327.18	24.72	13.19	1561	1735
柬埔寨	3.64	34.10	—	14.31	4060	5410
新加坡	300.65	458.32	147.51	28.10	2917	7109
孟加拉国	6.02	97.05	—	8.77	1287	2197
印度	169.70	484.32	—	52.82	7985	2828

续表

地区	进口总额（亿美元）	出口总额（亿美元）	对外直接投资（亿美元）	对外承包工程完成营业额（亿美元）	对外劳务合作派出劳务人数（人）	对外劳务合作年末在外人数（人）
云南周边8国合计	1072.83	1977.45	—	185.42	37132	48434

注明："—"表示国家统计局未给出我国对该国的直接投资的数据。
资料来源：《中国统计年鉴2014》。

二 滇西区域经济一体化面临的挑战

（一）十分低下的经济密度使滇西地区的空间集聚力变得十分弱小

所谓经济密度是指单位土地面积（一般是平方公里）内经济产出与全部购买力的强度，是反映经济活动与资源禀赋聚集程度的主要指标。从空间层面看，经济密度主要包括每平方公里的人口密度、产出密度等，是区域经济发展至关重要的特征（世界银行，2009）。因为，经济密度能够影响潜在的市场容量，进而影响各种要素的流动与集聚。在现实世界里，经济活动在地理空间上的分布是不均匀的，而随着技术的不断进步以及经济全球化的风起云涌，某些地区会获得更强的市场潜力，从而进一步增强经济活动的聚集程度。因此，如何构建有针对性的区域发展政策，不断提高密度，增强空间集聚力，并最终实现要素在地理空间上的进一步集聚将面临严峻的挑战。为了能更为直观地反映滇西地区的经济密度水平，本研究选择全国以及发达地区的代表上海，还有云南省作为参考地区，并参考世界银行的测度方法，从人口密度、就业密度、产出密度的维度来刻画滇西地区的密度特征。

就人口密度而言，滇西地区的人口密度要远远低于上海的人口密度，也低于全国的人口密度，除保山市和大理州外都低于云南省的人口密度。2013年，滇西地区人口密度超过100人/平方公里的州市有4个，分别是大理白族自治州、保山市、临沧市和德宏傣族景颇族自治州；大理白族自治州和保山市的人口密度虽然超过了云南省的平均水平，但仍然低于全国的平均水平（141.74人/平方公里），而且要远远低于上海的人口密度；迪庆藏族自治州、丽江市和怒江傈僳族自治州的人口密度分别为17.01人/平方公里、61.60人/平方公里和36.60人/平方公里，不但低于100人/平方公里而且要远远低于云南省和全国的人口密度。以滇西地区人口密度最小的迪庆藏族自治州为例，其17.01人/平方公里的人口密度约是云南省的1/7，大约是全国的1/8，仅为上海的1/224。具体如图5-2所示。

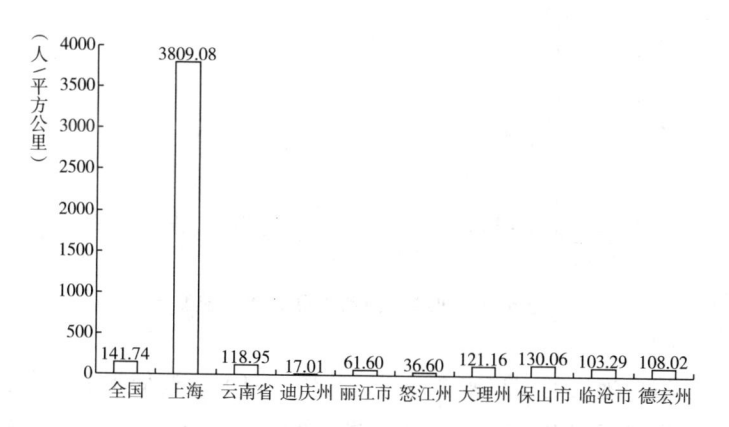

图5-2　2013年滇西地区的人口密度

注明：怒江州的数据为2012年的数据。

就每平方公里的就业密度而言，滇西地区的就业密度要远远低于上海的平均水平，有部分州市较为接近于云南省和全国的平均水平，只有保山市超过了云南省和全国的平均水平。2012年，滇西地区内部就业密度最高的是保山市，其就业密度达到了83.16人/平方公里，超过了云南73.13人/平方公里和全国79.90人/平方公里的平均水平，但仍然远远低于上海的平均水平，约为后者的1/21；大理州76.65人/平方公里的水平则超过了云南省的平均水平，但要低于全国的平均水平；临沧市和德宏州的就业密度分别是61.63人/平方公里和66.20人/平方公里，要相对接近于云南省的平均水平，但都远远低于上海的平均水平；迪庆州、丽江市和怒江州的就业密度不仅远低于云南省和全国的平均水平，而且远远低于上海的平均水平；以滇西地区就业密度最低的迪庆藏族自治州为例，其就业密度仅为11.52人/平方公里，大约是云南省平均水平的1/6，大约是全国平均水平的1/7，仅为上海平均水平的1/153。具体如图5-3所示。

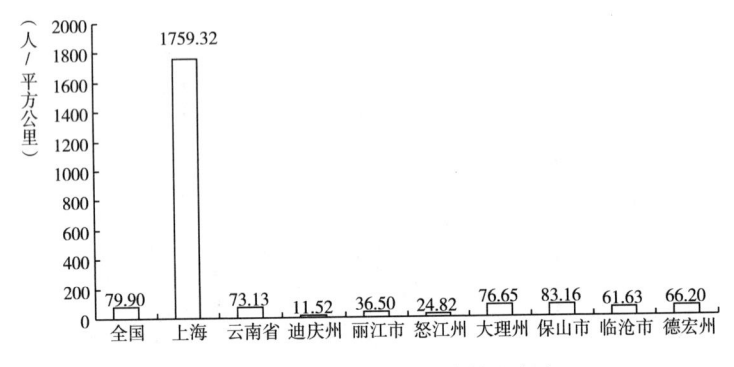

图5-3 2012年滇西地区的就业密度

就滇西地区的产出密度而言，其产出密度远远低于上海市、全国与云南省的平均水平，差距显著。2013年上海市、全国与云南省的产出密度分别为34410.77万元/平方公里、612.52万元/平方公里和300.31万元/平方公里；而迪庆州、丽江市、怒江州、大理州、保山市、临沧市、德宏州的产出密度则只有55.01万元/平方公里、120.78万元/平方公里、58.37万元/平方公里、258.25万元/平方公里、229.03万元/平方公里、170.05万元/平方公里、200.33万元/平方公里；以滇西地区产出密度最高的大理白族自治州为例，其产出密度低于云南省300.31万元/平方公里的平均水平，大约是全国平均水平的 1/2，大约为上海市平均水平的 1/133；而以滇西地区产出密度最低的迪庆藏族自治州为例，其产出密度大约只有云南省平均水平的 1/5，大约是全国平均水平的 1/11，仅为上海平均水平的 1/626。具体如图 5-4 所示。

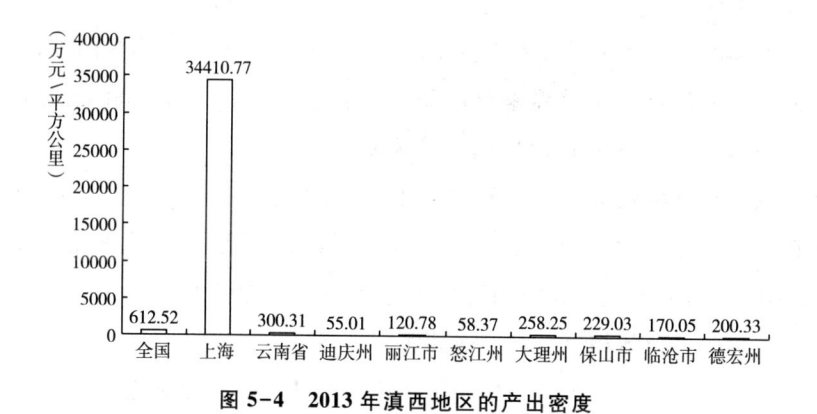

图 5-4　2013 年滇西地区的产出密度

总之，本研究认为：第一，如果以上海这样的发达地区为参照，滇西地区的经济密度要远远低于它们，差距十分显著；第二，即便以云南省、全国为参照，滇西地区的经济密度与其在整体上也存在明显的差距；第三，十分低下的经济密度使滇西地区的空间集聚力水平较为低下，并进一步影响了各种要素的流动与集聚，最终阻碍了滇西地区区域经济一体化的进程。

（二）滇西地区的内生发展能力仍然没有满足实现区域收敛进而实现一体化的要求

正如经济理论所强调的，内生发展能力是一个地区加快发展并实现区域收敛进而最终实现区域经济一体化的关键。对于滇西地区而言，区域内部人力资本低下、金融要素供给不足以及公共财政需要转型等内生性的发展因素较弱是滇西地区提升内生发展能力所必须正视的挑战。

区域内部低下的人力资本。对人力资本的投资和构建人力资本向上流动的机制是处于不同发展阶段地区最终实现趋同的重要条件，而滇西地区低下的人力资本给这种趋同带来了障碍。从某种程度上讲，滇西地区与我国东部发达地区的发展差距很大程度上体现在对人力资本的投资和构建人力资本向上流动的机制方面，表现为滇西地区人力资本的数量和质量都要远远低于东部发达地区。对人力资本的综合度量尽管由于技术及数据方面的限制变得相当困难，[①]但我们还是可以从世界银行的研究中得到这样的事实：就是早在2003年我国东部发达地区的人类发展指标即健康、教育和收入水平的综合指标就达到了0.97，与韩国的水平相当，而在我国落后的西部地区这一指标仅为0.59，与老挝的水平相当（世界银行，2010）。滇西地区作为中国历史上最不发达的地区之一，其人力资本所面临的挑战相对于其他地区而言必将更为严峻。

金融要素供给不足。作为区域经济增长的驱动力量之一，一个地区的投资规模及其可获得性是由金融供给所决定的，因而区域金融体系受到了学术界与政府部门的广泛关注。可是，由于金融机构能在经济中心获得较高的回报，经济中心的信用风险也较低，自然金融机构向欠发达地区提供信贷的意愿也就较低，而欠发达地区在经济发展过程中又极为需要金融信贷的支持，更为依赖现代金融体系的支持，因此欠发达地区将更容易面临金融要素供给不足的严峻挑战，往往成为我国金融市场的洼地。滇西地区作为我国最不发达的地区之一，金融发展原本就远远滞后于其他发达地区，再加上市场经济的不断推进带来的金融机构提供金融供给的自由度的提高，使滇西地区相对于其他地区而言，面临更为严峻的挑战。

公共财政需要全面转型。公共财政在区域经济发展的进程中通过对经济系统中总需求水平的控制来实现欠发达地区经济的发展，同时可以通过社会保障支出、转移支付等手段使区域之间的人均收

[①] 李海峥等：《中国人力资本的区域分布及发展动态》，《经济研究》2013年第7期。

入水平差距趋于收敛，还可以全面影响特定区域的发展绩效。对于滇西地区而言，其挑战主要体现在：一是缺乏充足的财政资源来实现基本公共服务的无空间差异的全面覆盖；二是社会保障、基础教育、公共医疗和反贫困等可携带性公共投资严重缺乏。

（三）大理的发展水平与区域经济中心的定位还有相当的差距

大理作为滇西地区 GDP 总量最大的地区，再加上历史原因和地理因素，很有希望被培育成滇西地区的区域经济中心，但从大理发展的现实水平来看，要发展成为区域经济中心还有相当大的差距。单从城市的 GDP 规模来看，2013 年大理州的 GDP 为 760.77 亿元，是位列第二的保山市的 1.69 倍（详见表 5-4），而在同一时期，滇中经济圈核心城市昆明的 GDP 是位列第二的曲靖市的 2.16 倍（详见表 5-5）；与处于我国中部地区的武汉城市群相比较，处于武汉城市群核心的武汉市 2013 年的 GDP 是位列第二的黄冈市的 6.79 倍（详见表 5-6）。可见，大理要成为滇西区域经济中心，还需要进一步加快发展，才能真正起到核心和带动的作用。

表 5-4　滇西地区各州市 GDP

单位：亿元

	迪庆州	丽江市	怒江州	大理州	保山市	临沧市	德宏州
2013 年	131.3027	248.8114	85.82	760.77	449.74	416.09	230.9

资料来源：《云南省统计年鉴》2014。

表 5-5　滇中经济圈各州市 GDP

单位：亿元

	昆明市	曲靖市	玉溪市	楚雄州
2013 年	3415.31	1583.94	1102.5	632.5

资料来源：《云南省统计年鉴》2014。

表 5-6　武汉城市群各市 GDP

单位：亿元

	武汉市	黄石市	鄂州市	黄冈市	孝感市
2013 年	9051.27	1144	630.94	1332.55	1238.93
	咸宁市	仙桃市	天门市	潜江市	
2013 年	872.11	504.28	370	492.7	

资料来源：《湖北省统计年鉴》2014。

（四）滇西地区与各经济中心较远的经济距离，迟滞了要素的流动

所谓距离是指商品、资本、服务、劳务、信息以及观念穿越地理空间的难易程度。距离并不完全是物理概念，而是一个经济概念。新经济地理学中的距离一方面指劳务流动的"心理成本"和要素流动的时间成本、货币成本以及人为壁垒等，这是由基础设施的落后与制度障碍造成的经济距离；另一方面比较强调某一区域与高经济密度区的距离即强调接近大市场的毗邻效应，因为与高经济密度区距离较近的区域才能更容易地获得经济中心市场的溢出效应（世界银行，2009）。基于这样的认识，距离不仅能决定进入高经济密度区的程度，还能决定区域能否获得更多的发展机遇，因而对于某个区域的发展具有极为重要的作用。本研究将从滇西地区到国内经济中心或国际市场的空间物理距离和制度与基础设施造成的无形距离两个方面来讨论滇西地区的"距离"。

首先，讨论到国内经济中心及国际市场的空间物理距离。本研究考虑到上海在我国经济格局中的重要地位而将上海作为我国的经济中心，考虑到云南货物大都依赖深圳走海运进入国际市场而将深圳作为云南进入国际中心市场最近的港口城市。基于这样的逻辑，本研究将分析滇西地区到省会昆明、到国内经济中心——上海——和到最近出海口——深圳——的空间距离。

关于滇西地区到省会昆明的陆路距离（见表 5-7），其 7 个州

市中就有6个州市到昆明的陆路距离超过了400公里。其中,到昆明的陆路距离最远的是德宏傣族景颇族自治州,达到了630.5公里;迪庆藏族自治州也超过了600公里;到昆明的陆路距离超过500公里的还有丽江市、怒江傈僳族自治州和临沧市,保山市也接近500公里达到了487.4公里;尽管大理白族自治州到昆明的陆路距离最近,但也达到了317.6公里。

表5-7 滇西地区各州市到昆明、上海及深圳的陆路距离

单位:公里

	迪庆州	丽江市	怒江州	大理州	保山市	临沧市	德宏州
昆明	613.9	502.3	539.5	317.6	487.4	523.5	630.5
上海	2971.5	2859.8	2897.1	2675.1	2845	2881.1	2988
深圳	2115.9	2004.2	2041.5	1819.6	1989.4	2025.5	2132.4

说明:根据百度地图推算。

滇西地区到国内经济中心——上海市——的陆路距离均超过了2500公里。其中,德宏傣族景颇族自治州到上海市的陆路距离最远,达到了2988公里;大理白族自治州到上海市的陆路距离最近,但也达到了2675公里。

滇西地区到最近出海口——深圳市——的陆路距离均超过了1800公里,在滇西7个州市中有5个州市到深圳的陆路距离超过了2000公里。其中,怒江傈僳族自治州、德宏傣族景颇族自治州、临沧、迪庆藏族自治州和丽江市到深圳出海口的陆路距离均超过了2000公里,分别为2041公里、2132公里、2026公里、2116公里、2004公里;大理白族自治州到深圳市的陆路距离最近,但也达到了1819.6公里。

其次,讨论制度与基础设施造成的无形距离。从运输的基础设施来看,滇西地区的运输以公路运输为主,航空运输或铁路运输为辅,水上运输极为缺乏,特别是海上运输。目前,滇西7个州市中只有大理白族自治州和丽江市有铁路运输,其余州市则没有铁路运

输,而有铁路的州市也处于全国铁路运输网的末端。另外,滇西7个州市均无水路运输。从制度层面看其对经济距离的影响,考虑到欠发达地区的制度供给要远远落后于发达地区的制度供给,故这种影响将变得十分显著。

基于这样的认识,本研究认为滇西地区要素流动的时间成本、货币成本要远高于国内其他地区的相应成本,进而迟滞了要素的流动,最终使滇西地区很难分享到国内经济中心的毗邻效应。

(五) 滇西地区严重的区域分割,阻碍了要素的自由流动

新经济地理学所强调的分割是指国家或者地区之间的商品、资本、服务、劳务、信息以及观念的限制性因素,即货币、关税、语言等对经济互动造成的有形和无形的壁垒,它限制了市场准入。与距离只影响经济行为主体的时间成本和货币成本不同,分割是一个"市场准入"的问题,直接造成了区域之间的不可穿越性(世界银行,2009)。重要的是,各国之间边界的存在并不必然就带来分割,而一国内部各区域之间尽管没有边界的存在但也并不必然就带来要素的自由流动甚至是一体化。一方面,一个国家可以选择自身边界的可穿透性,国家之间的分割自然也会随着国家政策的变化而变化,而富裕国家对边界的限制在一般情况下要比贫穷国家小得多;另一方面,国家内部的分割由于区域竞争和地方保护主义而在发展中国家较为普遍地存在。滇西作为边疆内陆地区,其"分割"主要体现在以下几个方面。

一是国内与国际的分割。滇西是边疆地区,客观存在的边界必然会影响滇西地区与相邻国家的一体化。不可否认,一个国家可以选择自身边界的可穿透性而且在经济全球化风起云涌的背景下,国家之间的边界呈现出了变"窄"的趋势,但是边界的存在是客观的,因此国家之间语言、文化、制度等的差异对商品、资本、劳务、信息等要素流动的影响不可避免。以劳动力的流动为例,滇西地区的劳动力在目前还不能与邻国——缅甸——实现自由的流动,

只能在如木姐与瑞丽这样毗邻的口岸城市之间实现自由的流动。

二是区域内部的分割。国内区域之间以及城乡之间由于地区经济发展的不平衡与城乡二元结构而存在不同类型的"分割",这一点在欠发达地区表现得极为突出。作为我国最不发达的地区之一,滇西地区与国内经济中心之间、城乡之间以及区域内部都存在较为严重的分割。同样以劳动力的流动为例,我国的劳动力市场由于受到户籍制度的制约而存在城乡与区域的分割,而滇西地区劳动力的流动不仅受到户籍制度的制约,而且受到了语言、文化、风俗习惯等因素的深刻影响而变得更加困难。这种观点在课题组的调研过程中也得到了充分的印证。

三是毗邻滇西地区的缅甸市场化、一体化水平处于世界最低层次,其分割更为严重。滇西地区在地理上属于高原多山类型,区域市场不仅缺乏实现价值链提升或多元化的能力,而且远离世界经济中心、国际主流市场以及国内经济中心,因此需要通过不断深化与毗邻国家的经济合作来推进一体化。可是,与滇西地区毗邻的缅甸是世界上的最不发达的国家之一,其市场化、一体化水平处于世界最低层次,分割极为严重。这意味着,滇西地区将难以融入国际市场,区域经济一体化所面临的挑战更为严峻。

三 本章小结

滇西区域经济一体化在获得空前发展机遇的同时,也面临着挑战。

就获得的发展机遇而言,主要包括:一,空前的优惠政策使滇西区域经济的发展获得了新的机遇,受到了前所未有的关注。优惠政策是影响微观经济行为主体的重要因素,因此滇西地区所具备的显著的优惠政策的叠加效应必然为滇西区域经济的发展提供新机遇。各种层面发展战略的集聚使滇西地区的发展提升到了一个更高的高度,受到了空前的关注,主要表现在两个方面:一方面是滇西地区的发展关系到了我国西南边疆的民族团结和政治稳定，已经不纯粹是我国境内某一个区域的发展问题，而变成了一个全国性的问题，上升到了国家的层面；另一方面是滇西地区已经成为我国参与多个跨国合作的战略高地，不但受到了我国政府和东盟各国政府的高度关注，而且受到了世界银行、亚洲开发银行等国际组织的高度关注。二，空间区位的变迁使滇西区域经济的发展获得了前所未有的机遇。这种空间区位的深刻变迁必将对滇西区域经济的发展产生深刻的影响，主要表现在两个方面：一方面是空间区位的深刻变迁进一步放大了滇西地区的空间优势，这种被放大了的比较优势将极大地增强滇西地区吸引外部投资、参与国际经济合作的能力，最终将对滇西地区加快发展极为有利；另一方面是空间区位的深刻变迁使滇西地区与毗邻国家的边界效应逐步消解，加快了劳动、资本、技术等要素的流动速度，必然有利于滇西地区加快发展。三，根据经济地理学理论，毗邻经济大国的地区能够最大限度地享受到经济大国的溢出效应，而作为全球第二大经济体的中国，其经济能量的加速外溢，将促使亚洲国家，特别是云南周边的东南亚国家显著受益，而与中国经济中心市场没有边界分割的滇西地区则更能获得这种外溢效应，这也必将为滇西区域经济的发展提供新的机遇。

就面临的挑战而言，主要包括：一，十分低下的经济密度使滇西地区的空间集聚力变得十分弱小。二，滇西地区的内生发展能力仍然没有满足实现区域收敛进而实现一体化的要求。三，大理的发展水平与区域经济中心的定位还有相当的差距。四，滇西地区与各经济中心较远的经济距离，迟滞了要素的流动。五，滇西地区严重的区域分割，阻碍了要素的自由流动。

第六章　空间集聚视角下的滇西次区域的整合：滇西北一体化

滇西北地区是一个集藏区、涉藏区、边疆少数民族聚居区以及集中连片特困区于一体的区域，与整个滇西地区比较更具有鲜明的异质性特征。同时，滇西北地区还有极为丰富的生物多样性资源、旅游文化资源等，资源禀赋突出。作为反贫困的主战场和重点地区，滇西北地区反贫困、加快发展、跨越发展的任务极为繁重。基于此，云南省委省政府对滇西北的反贫困以及加快发展问题越来越重视，因此从空间集聚的视角进一步深入研究滇西北区域经济一体化问题，对于优化云南空间经济结构、推进云南经济的不断整合、实现滇西集中连片特困地区的反贫困目标，都有极为重要的现实意义。

一　文献回顾

从现有文献来看，对滇西北经济的研究主要集中在产业发展与产业结构、经济空间结构、多元文化与边疆经济、反贫困、旅游产业发展与城镇化、旅游合作与旅游一体化以及生态经济与可持续发展等七个方面。

产业发展与产业结构。斯琴、武友德和李灿松研究了滇西北地区的特色经济发展与产业结构的优化问题，认为发挥地区资源优势的主要途径是特色经济，而要实现区域经济的稳定发展则要实现产业结构的不断优化，因此还提出了将特色经济培育成主导产业、加大开发水电资源的力度、发展新型生物产业以及调整第一产业，不断升级第三产业的政策措施。[1] 钱利英、吴映梅和徐燕苗研究了滇西北地区经济发展水平与产业结构演进状态协调的问题，认为滇西北地区长期以来欠发达，而产业结构是一种"三、二、一"的结构，便产生了经济欠发达与产业结构表面高度化"错位"的对比关系，因此认为对农业产业结构的调整应当提倡发展精品畜牧业，水电开发应以矿电结合模式为主，而第三产业的升级和调整应该以创建世界级品牌旅游业为核心。[2] 刘建军、吴映梅和田斌对滇西北的产业发展问题进行了研究，认为滇西北地区是一个多种资源富集但经济社会又长期处于落后状态的民族地区，而旅游业的高速发展使滇西北地区形成了极为不合理的"三、二、一"的产业结构，因此认为应当以旅游、水电以及矿业为支柱产业，推进劳动力加速向二、三产业转移，大力发展生物产业，实现产业错位发展。[3] 胡兵辉和王维对滇西北农业的地域资源优势及产业化开发途径进行了研究，认为滇西北地区农业地域资源优势产业化开发的基本途径重点应在于观光旅游产业、民族医药产业、区域特色农业、林业及山野产业和草地畜牧产业。[4]

经济空间结构。董培海和李伟以滇西北生态旅游区为例对旅游流空间场效应演变中的竞合关系进行了分析，研究发现旅游合作的开展和推进有利于提升区域内部旅游流空间场的稳定性，带动旅游业的整体发展，进而产生弱者变强、强者更强的效果。[5] 曹洪华、

---

[1] 斯琴、武友德、李灿松：《滇西北地区特色经济的发展与产业结构优化研究》，《资源开发与市场》2007年第11期。
[2] 钱利英、吴映梅、徐燕苗：《滇西北民族地区经济发展水平与产业结构演进状态协调分析》，《经济地理》2010年第8期。
[3] 刘建军、吴映梅、田斌：《基于区域特色的滇西北产业发展研究》，《昆明理工大学学报》（社会科学版）2011年第1期。
[4] 胡兵辉、王维：《滇西北农业地域资源优势及产业化开发途径》，《生态经济》2014年第1期。
[5] 董培海、李伟：《旅游流空间场效应演变中的竞合关系分析——以滇西北生态旅游区为例》，《北京第二外国语学院学报》2012年第1期。

王荣成和李正以昆明—滇西北旅游圈为例对单核型旅游圈的旅游经济空间溢出效应进行了分析,研究表明单核心旅游圈由于规模经济递增会产生溢出效应,可提升旅游产业的关联度,更有效地吸引外部客源,提升整个旅游圈的竞争力;同时他们也发现,旅游经济溢出效应在同等条件下与空间距离呈正比关系,但在现代旅游发展中,空间绝对距离对旅游经济的影响力正呈逐步下降趋势。[1] 孙坤和汪淑敏研究了滇西北旅游"核心—边缘"区的空间演化问题,认为随着旅游业的快速发展,滇西南—滇西北地区形成了较为明显的"核心—边缘"区,并将在未来形成以昆明、丽江、迪庆和西双版纳为核心,以大理、临沧以及普洱为过渡区域,并以怒江为重点的多核心旅游体系。[2]

多元文化与边疆经济。周智生与缪坤和以明清时期的滇西北地区为例研究了多元文化传播与边疆民族地区的商品经济成长问题,认为商品经济发展的迟滞性,使滇西北地区经济社会的发展对多元民族文化传播交融的依附性更为突出。[3] 周智生和吴映梅以滇西北为中心对近代中国西南边疆民族乡村的农业商品化浪潮进行了研究和考察。研究表明,在滇西北边疆民族乡村地区农牧业商品化发展进程中,本土民族商人是重要的推动者,其进程具有鲜明的时代特征以及区域特色。[4] 周智生以滇西北为中心研究了族际商贸交流与近代西南边疆民族的经济生活,认为族际经济互动是促进滇西北边

---

[1] 曹洪华、王荣成、李正:《单核型旅游圈旅游经济空间溢出效应研究——以昆明—滇西北旅游圈为例》,《资源开发与市场》2013年第12期。
[2] 孙坤、汪淑敏:《滇西南—滇西北旅游"核心—边缘"区空间演化研究》,《四川旅游学院学报》2014年第6期。
[3] 周智生、缪坤和:《多元文化传播与西南边疆民族地区商品经济成长——以明清时期的滇西北地区为例》,《中南民族大学学报》(人文社会科学版)2006年第1期。
[4] 周智生、吴映梅:《近代中国西南边疆民族乡村的农业商品化浪潮——以滇西北为中心的考察》,《西南民族大学学报》(人文社会科学版)2007年第9期。

疆少数民族地区区域经济生活转型的重要基础和内在动力。[1]

反贫困。覃志敏以滇西北波多罗村为例研究了连片特困地区的农村贫困治理转型问题，认为滇西北地区缺乏自我发展能力，而从滇西北反贫困的实际来看，农村贫困治理需要从原来的线性、植入性的外源扶贫模式向以培育内生能力为核心的内源性扶贫模式转型[2]。王晓毅以滇西北和贵州为个案对少数民族地区的反贫困问题进行了反思，认为少数民族的减贫问题因区域特征、低收入以及民族传统等因素影响而成为典型的外部干预下的发展问题，少数民族不断重新认识自己的传统，并通过不断调整来适应外来的干预，便形成了对发展的反思过程，在这一过程中国家、社区和市场通过不断地调整而使发展得以持续。[3] 冯朝睿以滇西北边界山区为例研究了多中心协同反贫困治理体系，提出了建构以地方政府为扶贫主体，由社会组织、个人、非营利组织、国际和本土扶贫 NGO 以及政府各部门构成的多中心反贫困治理体系的建议。[4]

旅游产业发展与城镇化。张建雄对滇西北旅游业发展中存在的问题进行了分析，认为滇西北旅游业存在规划水平不高、商业气息严重、人工景点过多、景区建设贪大求全、旅游从业人员素质不高等突出问题，并提出了统一规划、落实保护优先、提升从业人员服务能力、构建大香格里拉旅游环线等对策。[5] 普荣、白海霞和朱桂香以滇西北为例研究了民族地区旅游城镇化的策略问题，认为滇西北应当走一条产业与城镇化、生态与城镇化、生态与产业良性协调

---

[1] 周智生：《族际商贸交流与近代西南边疆民族的经济生活——以滇西北为中心》，《中南民族大学学报》（人文社会科学版）2007 年第 3 期。
[2] 覃志敏：《连片特困地区农村贫困治理转型：内源性扶贫——以滇西北波多罗村为例》，《中国农业大学学报》（社会科学版）2015 年第 6 期。
[3] 王晓毅：《反思的发展与少数民族地区反贫困——基于滇西北和贵州的案例研究》，《中国农业大学学报》（社会科学版）2015 年第 4 期。
[4] 冯朝睿：《多中心协同反贫困治理体系研究——以滇西北边境山区为例》，《西北人口》2016 年第 4 期。
[5] 张建雄：《滇西北旅游业发展中的隐忧与对策》，《旅游学刊》2003 年第 3 期。

的旅游城镇化的特色之路。①

旅游合作与旅游一体化。王子新和明庆忠对滇西北旅游发展一体化构建问题进行了研究，认为建设滇西北旅游一体化不但顺应了国际旅游产业发展的趋势，还极大地扩展了滇西北的资源和市场空间，并能实现可持续的发展。②罗富民和郑元同研究了川西南、滇西北区域旅游合作中的地方政府博弈问题，认为地方政府由于利益的不一致有可能使地方政府在提供区域旅游公共产品时陷入"斗鸡博弈"和"囚徒困境"，导致公共物品供给不足以及投资结构失衡，因此提出了应当建立激励机制和利益协调机制、确定地方政府提供公共产品的范围和层次以及发挥上级主管部门作用的政策措施。③郑元同从旅游经济可持续发展的角度研究了川西南、滇西北区域旅游合作的效益问题，认为促进区域旅游经济可持续发展的重要途径是区域旅游合作能够实现生态效益、经济效益以及社会效益的统一。④苏章全、李庆雷和明庆忠从共生理论的角度研究了滇西北旅游区的旅游竞合问题，认为共生理论与区域旅游竞合的内涵及具体要求在本质上是吻合的，因此旅游地之间不能如以往一样强调竞争，更应该强调内部的协调合作。⑤

生态经济与可持续发展。徐旌和孟鸣研究了滇西北人口与经济的协调发展问题，认为滇西北地区经济发展水平总体较低，并按照高、中、低三种标准预测了GDP，以求人口发展与经济增长协调发

---

① 普荣、白海霞、朱桂香：《民族地区旅游城镇化策略——滇西北的探索》，《开放导报》2014年第5期。
② 王子新、明庆忠：《滇西北旅游发展一体化建设浅析》，《云南师范大学学报》2002年第3期。
③ 罗富民、郑元同：《地方政府在川西南、滇西北区域旅游合作中的博弈分析》，《特区经济》2008年第10期。
④ 郑元同：《川西南、滇西北区域旅游合作的效益分析——基于旅游经济可持续发展的理解》，《软科学》2009年第2期。
⑤ 苏章全、李庆雷、明庆忠：《基于共生理论的滇西北旅游区旅游竞合研究》，《山西师范大学学报》（自然科学版）2010年第1期。

展。① 薛熙明以滇西北为例研究了民族社区生态旅游发展的基本原则与核心产业建设问题，认为需要解决社区发展、赋权、可持续旅游等关键问题，将社区生态旅馆建设、生态旅游小企业培育、生态旅游交通建设、生态旅游商品生产本地化以及生态旅游客源市场建设作为着力的重点。② 幸岭、蒋素梅和王丽萍以滇西北核心段为研究对象研究了滇藏茶马古道在旅游开发中的保护格局，研究发现：文物保护单位的等级越高，其保护的迫切性和必要性越大，二者呈显著的正相关关系。③

总之，当前的研究主要集中在产业发展与产业结构、经济空间结构、多元文化与边疆经济、反贫困、旅游产业发展与城镇化、旅游合作与旅游一体化以及生态经济与可持续发展等七个方面。上述学者对滇西北经济特别是滇西北经济的整合与一体化的研究付出了艰辛的努力，取得了一些积极的成果。首先，滇西北是一个多种资源富集但经济社会又长期处于落后状态的民族地区，而旅游业的高速发展使滇西北地区形成了极为不合理的"三、二、一"产业结构，而这种不合理的"三、二、一"产业结构是一种表面高度化的错位对比关系；其次，推进和开展旅游合作，建设旅游一体化不但顺应了国际旅游产业发展的趋势，还极大地扩展了滇西北的资源和市场空间，带动了旅游业的整体发展，产生了弱者变强、强者更强的效果；最后，反贫困也是滇西北经济研究的另一个重点和着力点。滇西北地区缺乏自我发展能力，对其扶贫宜从外源扶贫模式向以培育内生能力为核心的内源性扶贫模式转型。

---

① 徐雄、孟鸣：《试析滇西北人口与经济的协调发展》，《生态经济》2001年第11期。
② 薛熙明：《民族社区生态旅游发展的基本原则与核心产业建设——以滇西北为例》，《西南民族大学学报》（人文社会科学版）2012年第8期。
③ 幸岭、蒋素梅、王丽萍：《论旅游开发中滇藏茶马古道的保护格局——以滇西北核心段为研究对象》，《经济问题探索》2014年第7期。

二 变量设计、指标选择与模型设定

本研究在借鉴相关研究（范爱军，2007；杨先明和刘岩，2010；等）并考虑滇西北地区异质性特征的基础上设计了如下的解释变量，并通过与之对应的指标来实证研究区域要素空间集聚与扩散的特征。

（1）名义 GDP。该指标能比较客观地反映出一个国家或者地区的发展水平以及发展程度。一般而言，该指标值越大，则该国家或地区吸引外部要素进入该国家或地区的能力就越强，越能降低市场分割水平，进而一体化的能力也就越强。反过来讲，该指标越小，则该国家或地区吸引外部要素进入该国家或地区的能力就越弱，越会提高市场分割程度，进而一体化的能力也就越弱。因此本研究预计这个变量的系数为负。

（2）国内旅游收入和国际旅游外汇收入。考虑到滇西北旅游业在当地国民经济中的重要地位，本研究用国内旅游收入来衡量旅游业的发展水平，同时用国际旅游外汇收入来衡量旅游业的对外开放程度，而这两个指标对区域经济一体化水平的影响和作用需要进一步研究，故这两个变量的系数不确定。

（3）贸易依存度。对于贸易依存度对市场分割进而对区域经济一体化的影响，学术界存在争议，不同的开放程度会有不同的作用（杨先明和刘岩，2010）。因此这个变量的系数不确定，是需要进一步研究的问题。

（4）交通运输条件。一般而言，交通运输条件的提高，可降低要素流动的成本，更加有利于要素的流动与集聚，并最终有利于提高区域经济一体化水平。因此本研究预计这个变量的系数为负。

（5）人口流动的测度。本研究将采用客流强度指数来考察地区之间动态人口流动的强度和变化，使我们清晰地看到更短时间内人口要素流动的变化及影响。考虑到滇西地区各地相互连接的交通方式以公路为主，故采用公路旅客周转量来衡量客流强度指数。这一指标值越大,短时间内人口要素流动的流量就越大,也就越能进一步促进区域经济的一体化。因此本研究预计这个变量的系数为负。

(6)货物资本流动的测度。本研究将通过货物流强度指数来考察地区之间动态实物资本流动的强度和变化。基于前述原因,采用公路货物周转量来衡量货物强度指数。这一指标值越大,动态实物资本流动的强度就越大,就越能进一步促进区域经济的一体化,而这一指标数值的增大,也在一定程度上说明这一区域交通基础设施的健全水平在提高,而交通基础设施的进一步健全则会进一步降低运输成本,区域经济的一体化程度也就随之提高。因此本研究预计这个变量的系数为负。

为研究"关系数据"等相关因素对区域经济一体化趋势的影响程度,本研究建立动态面板数据回归方程如下:

$$I_{i,t} = \beta_0 + \beta_1 I_{i,t-1} + \beta_2 GDP_{i,t} + \beta_3 DTI_{i,t} + \beta_4 ITFEE_{i,t} + \beta_5 Trade_{i,t} + \beta_6 Trans_{i,t} + \beta_7 P_{i,t} + \beta_8 K_{i,t} + \varepsilon_{i,t} \qquad (6-1)$$

方程中,i 为各地区的序号,$i=1, 2, \cdots, N$;t 为时期序号,$t=1, 2, \cdots, T$;$I_{i,t}$ 表示 i 地区第 t 年度的区域经济一体化指数;$I_{i,t-1}$ 表示 i 地区第 t 年度上一期的区域经济一体化指数;$GDP_{i,t}$ 表示 i 地区第 t 年度的 GDP;$DTI_{i,t}$ 表示 i 地区第 t 年度的国内旅游收入;$ITFEE_{i,t}$ 表示 i 地区第 t 年度的国际旅游外汇收入;$Trade_{i,t}$ 表示 i 地区第 t 年度的贸易依存度;$Trans_{i,t}$ 表示 i 地区第 t 年度的交通运输条件;$P_{i,t}$ 表示 i 地区第 t 年度的人口要素流动强度指数;$K_{i,t}$ 表示 i 地区第 t 年度的实物资本流动强度指数;β_0 为截距项,β_1、β_2、β_3、β_4、β_5、β_6、β_7 和 β_8 为待估计参数;$\varepsilon_{i,t}$ 为随机扰动项。

三 基于滇西北地区的实证分析

(一)滇西北区域经济一体化水平的测度

本研究数据来源于 2003~2013 年迪庆州、丽江市和怒江州统计局所发布的《统计年鉴》中公布的相关数据。依据式（6-1），首先计算出 2004~2013 年滇西北地区各州市与邻近州市的相对价格指数，其均值即是该州市的区域经济一体化指数，这样可以得到 3 个州市 10 年即 2004~2013 年的区域经济一体化程度变化的情况。然后再将这 3 个州市的区域经济一体化指数求均值，便可得到滇西北地区的区域经济一体化指数。具体测算结果如表 6-1 所示。

表 6-1　滇西北地区各州市区域经济一体化指数表

	迪庆州	丽江市	怒江州	滇西北地区
2004 年	0.0139	0.0090	0.0130	0.0120
2005 年	0.0386	0.0210	0.0242	0.0279
2006 年	0.0122	0.0243	0.0122	0.0162
2007 年	0.0024	0.0024	0.0049	0.0033
2008 年	0.0080	0.0160	0.0080	0.0107
2009 年	0.0141	0.0104	0.0170	0.0138
2010 年	0.0065	0.0045	0.0070	0.0060
2011 年	0.0072	0.0058	0.0101	0.0077
2012 年	0.0052	0.0057	0.0100	0.0070
2013 年	0.0054	0.0063	0.0039	0.0052

从表 6-1 来看，滇西北地区的区域经济一体化指数在所观测的 10 年中第二年即 2005 年的值最大，为 0.0279，这说明 2005 年滇西北地区的区域经济一体化程度最低。然后，从 2006 年开始指数数值逐步下降直至 2007 年达到 0.0033，为观察期 10 年中最低；在 2008 年发生一次波动，回升到 0.0107，2009 年继续上升直至 0.0138，接下来又开始下降，到 2010 年下降至 0.0060；在 2011 年发生第二次波动，指数上升到 0.0077，2012 年和 2013 年呈进一步下降的趋势，持续下降到了 0.0052。因此，滇西北地区区域经济一体化程度在波动中逐步提高，滇西北区域经济正逐步趋于整合。

(二) 计量模型、数据及描述性统计

$$I_{i,t} = \beta_0 + \beta_1 I_{i,t-1} + \beta_2 GDP_{i,t} + \beta_3 DTI_{i,t} + \beta_4 ITFEE_{i,t} + \beta_5 Trade_{i,t} + \beta_6 Trans_{i,t} + \beta_7 P_{i,t} + \beta_8 K_{i,t} + \varepsilon_{i,t} \qquad (6-2)$$

其中，i 为地区的排列序号，迪庆州为 1，丽江市为 2，怒江州为 3；t 为时期序号，$t=1, 2, \cdots, 10$，样本从 2004 年到 2013 年，共 10 年；$I_{i,t}$ 表示 i 地区第 t 年度的区域经济一体化指数；$I_{i,t-1}$ 表示 i 地区第 t 年度上一期的区域经济一体化指数；$GDP_{i,t}$ 表示 i 地区第 t 年度的 GDP；$DTI_{i,t}$ 表示 i 地区第 t 年度的国内旅游收入；$ITFEE_{i,t}$ 表示 i 地区第 t 年度的国际旅游外汇收入；$Trade_{i,t}$ 表示 i 地区第 t 年度的贸易依存度；$Trans_{i,t}$ 表示 i 地区第 t 年度的交通运输条件；$P_{i,t}$ 表示 i 地区第 t 年度的人口要素流动强度指数；$K_{i,t}$ 表示 i 地区第 t 年度的实物资本流动强度指数；β_0 为截距项，β_1、β_2、β_3、β_4、β_5、β_6、β_7 和 β_8 为待估计参数；$\varepsilon_{i,t}$ 为随机扰动项。

本研究的数据是基于样本为滇西北地区三个市州 2004~2013 年三地统计局所发布的数据建立起来的面板数据。区域经济一体化指数的测度即为表 6-1 的测算结果。表 6-2 给出了各变量的描述性统计结果。

表 6-2 描述性统计

全样本				
变量	均值	极大值	极小值	标准差
I	0.0100	0.0386	0.0015	0.0083
GDP	81.5666	248.8114	16.6	55.6492
DTI	468693.6667	2565200	20187	597569.8252
$ITFEE$	15286.5033	62346.8	380	17474.4571
$Trade$	0.0177	0.065	0.0041	0.0132
$Trans$	3242.3000	6219	897	1411.5625
P	69227.3783	168952	12280	37565.274
K	136704.372	470290	13777	116557.0725

(三) 计量结果分析

因为要估计的模型是一个动态面板数据模型，有可能存在解释变量与随机扰动项相关和横截面相依性的问题，所以如果采用传统的估计方法，必然存在参数估计的非一致性和有偏性。为此，Arellano 和 Bond[1]、Blundell 和 Bond[2] 提出了 GMM 估计方法，很好地解决了上述问题。

表 6-3 给出了使用一步差分 GMM 估计方法对模型（6-2）进行估计的结果。AR（1）和 AR（2）检验表明差分以后的随机误差项不存在二阶序列相关，Sargan 检验的结果表明，在 5% 显著性水平下无法拒绝原假设，因而工具变量是外生的，模型估计结果是有效的。估计结果表明，在 2004~2013 年，只有 GDP 的参数估计结果通过了显著性水平为 0.1 的显著性检验，其他自变量的参数估计并没有通过显著性检验。

表 6-3 采用差分 GMM 的方法对模型（6-2）进行估计的基本回归结果

	区域经济一体化指数
	模型（6-2）
I_{t-1}	-0.0579608
	(0.1581842)
GDP	-205.1892*
	(105.7992)
DTI	0.0057268
	(0.0069354)
ITFEE	0.0131171
	(0.2375045)

---

[1] Arellano, Bond. Some Tests of Specification for Panel Data: Monte Carlo Evidence and anApplication to Employment Equations. *Review of Economic Studies*, 1991, (2).

[2] Blundell, Bond. Initial Conditions and Moment Restrictions in Dynamic Panel Data Models. *Journal of Econometrics*, 1998, (87).

续表

	区域经济一体化指数
	模型（6-2）
$Trade$	39443.73 (87114.67)
$Trans$	2.008189 (1.74967)
P	0.0404516 (0.1276395)
K	0.0144086 (0.0343868)
AR（1）	0.016
AR（2）	0.276
Sargan	0.077

注：***、**、*分别表示0.01、0.05和0.1的显著性水平，AR（1）、AR（2）和Sargan分别表示AR（1）检验P值、AR（2）检验P值和Sargan检验P值。

动态面板数据模型的数据应当具有平稳性的性质，否则会出现虚假回归的问题，而如果残差为平稳序列，则动态面板数据是平稳的。基于此，为了保证估计结果的有效性，本研究对估计得到的残差进行了平稳性检验，结果表明本研究的动态面板数据模型的数据具备平稳性，说明本研究的结论具有较好的稳健性。

通过对上述模型的估计，本研究得出如下结论。

（1）在考察期内，滇西北区域经济一体化指数滞后项的参数估计结果没有通过显著性检验，表明滇西北地区上一期的区域经济一体化程度对下一期的区域经济一体化的延续性影响没有产生或者趋于减弱，影响并不大。

（2）在考察期内，GDP的参数估计结果通过了显著性水平为0.1的显著性检验且显著为负，表明GDP对区域经济一体化的影响显著为正，GDP是推进滇西北区域经济一体化的主要原因。

（3）在考察期内，国内旅游收入和国际旅游外汇收入的参数估计结果没有通过显著性水平为 0.01、0.05 和 0.1 的显著性检验，表明国内旅游收入和国际旅游外汇收入不是推进滇西北区域经济一体化的主要原因。

（4）在考察期内，贸易依存度的参数估计结果没有通过显著性水平为 0.01、0.05 和 0.1 的显著性检验，表明贸易依存度并不是推进滇西北区域经济一体化的主要原因。

（5）在考察期内，交通运输条件的参数估计结果没有通过显著性水平为 0.01、0.05 和 0.1 的显著性检验，表明交通运输条件不是推进滇西北区域经济一体化的主要原因，这与经济理论上认识并不一致。产生这样的结果，一方面可能是由研究方法的选择、数据的缺乏、指标选择等可能的问题导致的；另一方面可能是滇西北地区的某些特殊性和关系数据所具有的某些局限性以及模型中的其他因素所造成的。

（6）在考察期内，人口要素流动强度和实物资本流动强度参数估计结果没有通过显著性水平为 0.01、0.05 和 0.1 的显著性检验，这表明人口要素流动强度和实物资本流动强度不是推进滇西北区域经济一体化的主要原因。

四 本章小结及政策含义

本章对研究滇西北区域经济的文献进行了梳理、回顾及评述，并基于 2004~2013 年滇西北三州市的面板数据，建立了动态面板数据模型，从要素流动、空间集聚的角度实证研究了滇西北区域经济一体化问题。依据上述分析，可以得出以下研究结论：一，从当前文献来看，相关研究主要集中在产业发展与产业结构、经济空间结构、多元文化与边疆经济、反贫困、旅游产业发展与城镇化、旅游合作与旅游一体化以及生态经济与可持续发展等七个方面。上述学者对滇西北经济特别是滇西北经济的整合以及一体化的研究付出了艰辛的努力，取得了一些积极的成果。首先，滇西北是一个多种资源富集但又经济社会长期处于落后状态的民族地区,而旅游业的高速发展使滇西北地区形成了极为不合理的"三、二、一"产业结构,而这种不合理的"三、二、一"产业结构是一种表面高度化的错位对比关系;其次,推进和开展旅游合作,建设旅游一体化不但顺应了国际旅游产业发展的趋势,还极大地扩展了滇西北的资源和市场空间,带动了旅游业的整体发展,产生弱者变强、强者更强的效果;最后,反贫困也是滇西北经济研究的另一个重点和着力点。滇西北地区由于缺乏自我发展能力,对其扶贫宜从外源扶贫模式向以培育内生能力为核心的内源性扶贫转型。二,滇西北地区上一期的区域经济一体化程度对下一期的区域经济一体化的延续性影响没有产生或者趋于减弱,影响并不大。三,GDP对区域经济一体化的影响显著为正,GDP是推进滇西北区域经济一体化的主要原因。四,国内旅游收入、国际旅游外汇收入、贸易依存度、人口要素流动强度和实物资本流动强度不是推进滇西北区域经济一体化的主要原因。五,交通运输条件不是推进滇西北区域经济一体化的主要原因,这与经济理论上认识并不一致。产生这样的结果,一方面可能是由研究方法的选择、数据的缺乏、指标选择等可能的问题导致的;另一方面可能是滇西北地区的某些特殊性和关系数据所具有的某些局限性以及模型中的其他因素所造成的。

  本章的结论有着重要的政策含义。根据研究结论,滇西北地区GDP的增加有利于滇西北区域经济一体化水平的提升,是推进滇西北区域经济一体化的主要原因。因此,各州市应当通过产业转移合作,增加相互直接投资合作,来发挥各自优势,实现经济的进一步集聚以及企业跨区域发展和企业内的地域分工,同时应当通过技术合作和教育、健康医疗等方面的合作来实现社会服务水平的不断提高和技术的改进,并通过创新合作方式来实现滇西北区域经济长期稳定的增长,进而不断提高经济密度。

第七章　空间集聚视角下的滇西次区域的整合：滇西南一体化

滇西南地区是一个集边疆少数民族聚居区和集中连片特困区于一体的区域，属于高原多山地形，地质灾害频发。滇西南地区人力资本价值较为低下，导致内生发展能力不足，是云南省乃至我国反贫困的主战场和重点地区，其反贫困以及跨越发展的任务极为繁重。因此，从空间集聚的视角深入研究滇西南区域经济一体化问题，对于进一步研究滇西区域经济一体化问题，优化云南空间经济结构、推进云南经济的不断整合、实现滇西集中连片特困地区反贫困目标，都有着极为重要的现实意义。

一　文献回顾

从目前的文献看，存在的一个首要问题和分歧是对滇西南的地域划分有着不同的理解，有一些文献[1][2]将临沧市、普洱市以及西双版纳傣族自治州归为滇西南；一些文献[3]则将保山市、临沧市、德宏傣族景颇族自治州、普洱市、西双版纳傣族自治州和大理白族自治州划归为滇西南；而本研究是基于前文对于滇西区域的划分，

---

[1] 邓民彩：《滇西南地区经济差异性分析》，《临沧师范高等专科学校学报》2013年第2期。

[2] 孙坤、汪淑敏：《滇西南—滇西北旅游"核心—边缘"区空间演化研究》，《四川旅游学院学报》2014年第6期。

[3] 李海燕、张东强、陈靖等：《滇西南欠发达县域新型城镇化动力机制研究》，《河南城建学院学报》2016年第6期。

并相对于滇西北提出的,因此本研究所指的滇西南地区主要包括保山市、临沧市和德宏傣族景颇族自治州三个州市。对滇西南经济的研究主要集中在旅游产业发展、农业经济与反贫困、产业结构与经济差异、城镇化发展以及城乡一体化与区域合作等五个方面。

旅游产业发展。朱晓娜运用问卷调查法和访谈法对滇西南休闲体育旅游市场的开发模式和策略进行了研究,认为滇西南休闲体育旅游市场开发应当坚持以市场为导向,并采用"体育赛事+民族节庆"的模式。① 孙坤和汪淑敏对滇西南—滇西北旅游"核心—边缘"区的空间演化问题进行了研究,认为滇西北和滇西南在云南旅游产业发展的进程中有着极为重要的地位,完全有着发展成为世界级精品旅游区的条件和能力,并认为明确滇西南以及滇西北旅游区中的核心及边缘区,进一步分析核心边缘区的演进过程和发展趋势,对于云南旅游业实现大发展有着极为重要的意义。②

农业经济与反贫困。陈玉萍和吴海涛等以滇西南山区为例运用多部门模型研究了改良陆稻技术的采用对农户间收入分配的影响,结果显示,在农户的生产组合从传统陆稻技术生产向改良陆稻技术生产调整时,采用改良技术的农户的调整幅度要小于未采用改良技术的农户,而技术溢出效应的产生则使陆稻收入向改良技术采用户集中,总之新技术的采用促进了采用改良技术的农户收入水平的整体提高。③ 吴海涛、陈玉萍和张永敏利用滇西南山区农户的调查数据,来研究杂交玉米技术对农户收入、农户生计以及农户间收入差距的影响,研究表明,杂交玉米技术在滇西南山区不但可以增加农

---

① 朱晓娜:《滇西南休闲体育旅游市场开发模式和策略研究》,《旅游市场》2012年第8期。
② 孙坤、汪淑敏:《滇西南—滇西北旅游"核心—边缘"区空间演化研究》,《四川旅游学院学报》2014年第6期。
③ 陈玉萍、吴海涛等:《技术采用对农户间收入分配的影响:来自滇西南山区的证据》,《中国软科学》2009年第7期。

户的收入而且不会导致农户间收入差距的扩大。① 王娟和吴海涛以滇西南为例考察分析了山区少数民族农户参与市场程度与生计策略的关系，研究发现，参与市场程度与农户种植结构、劳动力配置有着显著的正向相关关系。② 王娟、吴海涛和丁士军利用滇西南山区农户调查数据，分析了山区农户生计转型的现状。结果表明，参加培训以及家庭规模有助于农户调整劳动力配置结构，进而有利于提高劳动力从事非农活动的比例，而劳动力比重大、现金或存款金额少也有利于提高农户从事非农活动的劳动力比例，并能促进山区农户生计的转型。③ 吴海涛、王娟和丁士军以滇西南为例研究了贫困山区少数民族农户生计模式的动态演变问题。结果发现，在考察的 10 年内，山区少数民族农户生计模式发生了由粮食作物生产、偏粮食作物生产、偏经济作物生产到纯经济作物生产的重大改变。④

产业结构与经济差异。潘荣翠在 GMS 框架下对滇西南与周边地区的产业结构进行了比较研究，认为滇西南地区参与大湄公河次区域合作，对扩大开放、收敛边疆少数民族贫困地区与内地的发展差距、反贫困以及边疆稳定有着极为重要的意义。⑤ 陈晓贺对滇西南地区产业结构调整过程中的人力资源开发对策进行了研究，认为滇西南地区应当通过依靠人才管理制度和机制创新，开发本土人才，引进与当地匹配适用的外部人才，充分利用 GMS 的机会，并

---

① 吴海涛、陈玉萍、张永敏：《杂交玉米技术采用对山区农户生计的影响分析——来自滇西南的实证》，《中国农业科学》2013 年第 24 期。
② 王娟、吴海涛：《山区少数民族农户参与市场与生计策略关系研究——以滇西南为例》，《贵州民族研究》2014 年第 7 期。
③ 王娟、吴海涛、丁士军：《山区农户生计转型及其影响因素研究》，《中南财经政法大学学报》2014 年第 5 期。
④ 吴海涛、王娟、丁士军：《贫困山区少数民族农户生计模式动态演变——以滇西南为例》，《中南民族大学学报》（人文社会科学版）2015 年第 1 期。
⑤ 潘荣翠：《GMS 框架下滇西南地区与周边地区产业结构比较研究》，昆明理工大学硕士学位论文，2005。

通过与周边国家的合作，促进人才与经济发展的良性互动。[1] 马丽和吴萍对滇西南地区水泥产业的发展问题进行了 SWOT 分析，认为滇西南地区水泥产业的发展应当基于石灰岩资源的分布来进行布局，通过企业之间的兼并整合来实现规模化的生产，并在满足当地需求的前提下，扩大对东南亚国家市场的出口。[2] 邓民彩运用 Theil 指数对滇西南地区的经济差异问题进行了分析，结果表明滇西南州市之间的差异要小于县域之间的差异，因此滇西南地区经济差异性调控的目标和重点是县域空间。[3]

城镇化发展。张锦等以滇西南临沧市为例对山地城镇体系规模结构进行了计量分析，并对其分形特征进行了研究，结果表明：临沧市城镇体系规模等级结构具有分形特征，还处于一种低水平的平衡状态，发展还不充分，发育并不成熟。[4] 李海燕、张东强和陈靖等对滇西南欠发达县域新型城镇化的动力机制进行了研究，认为滇西南欠发达县域的城镇化是一个异质性约束条件约束下的城乡要素的重构过程，因此滇西南欠发达县域的城镇化一方面要基于城镇化异质性的约束特征，走一条集约、康居的绿色新型城镇化道路，另一方面要立足新型城镇化动力机制，制定突显地域特色的城镇化创新动力发展战略。[5] 李海燕、张东强和包震等运用主成分分析法对滇西南集贫县域新型城镇化推进动力及路径进行了研究，认为推进滇西南集贫县域新型城镇化应当坚持把握沿边开发开放的机遇，优化三产产业结构，创新人才管理机制，培育引进技术人才，依托城

---

[1] 陈晓贺：《滇西南地区产业结构调整中的人力资源开发对策研究》，昆明理工大学硕士学位论文，2005。
[2] 马丽、吴萍：《滇西南地区水泥业发展的 SWOT 分析》，《工业技术经济》2005年第 5 期。
[3] 邓民彩：《滇西南地区经济差异性分析》，《临沧师范高等专科学校学报》2013年第 2 期。
[4] 张锦、王培茗：《山地城镇体系规模结构的计量分析及分形特征研究——以滇西南临沧市为例》，《云南地理环境研究》2011年第 6 期。
[5] 李海燕、张东强、陈靖、张洁、左琳：《滇西南欠发达县域新型城镇化动力机制研究》，《河南城建学院学报》2016年第 6 期。

第七章　空间集聚视角下的滇西次区域的整合：滇西南一体化 | 123

乡统筹战略，推进县镇村城镇化，并突破地理障碍，推动基础设施建设。①

城乡一体化与区域合作。李长凤、明庆忠和段晨等对滇西南古六大茶山旅游竞合模式进行了探讨，认为区域旅游发展的成功与否关键在于旅游能否在整个区域内形成一个良性的竞合状态，并不在于各旅游目的地的自身成功，而六大茶山要获得最大的经济效益、社会效益以及生态效益，关键是要加强区域合作。②陈敏和王林研究了滇西南地区城乡一体化发展的对策，认为滇西南地区的城乡一体化存在城乡收入水平以及消费水平差距日益扩大、城乡基本公共服务存在较大差异、城乡社会事业发展水平差距显著以及农民工市民化"门槛"较高的问题，并基于以上问题提出了构建社会保障体系、加快农村基础设施和公共服务建设、强化技术培训、促进农民工市民化以及提高干部队伍素质的对策建议。③

总之，现有文献对滇西南经济的研究主要集中在旅游产业发展、农业经济与反贫困、产业结构与经济差异、城镇化发展以及城乡一体化与区域合作等五个方面，就研究水平而言还处于较为初级的阶段，研究还不成体系，但上述学者对滇西南经济的研究付出了艰辛的努力，取得了一些积极的成果。首先，滇西南地区的地域划分问题，虽然有些不同意见，但从整体上讲并没有太大问题，因为这些地区都属于云南的西南部，而存在分歧很大程度上是由研究的需求不同造成的；其次，对于滇西南地区旅游业的发展问题，研究和着力的重点是如何与滇西北形成一种良性的竞合关系，并充分发挥自身异质性的比较优势，实现旅游业的发展；再次，滇西南经济研究的另外一个着力点是农业经济与反贫困，现有文献主要研究如

---

① 李海燕、张东强、包震、郭希贤：《滇西南集贫县域新型城镇化推进动力及路径研究》，《保山学院学报》2017年第4期。
② 李长凤、明庆忠、段晨等：《滇西南古六大茶山旅游竞合模式探讨》，《四川旅游学院学报》2015年第4期。
③ 陈敏、王林：《云南滇西南地区城乡一体化发展的对策分析》，《知识经济》2017年第16期。

何依靠农业技术的进步来实现农户收入的提高，进而实现反贫困的目标；又次，滇西南经济研究还有一个着力点是产业结构、经济差异以及城镇化问题，现有文献主要通过分析滇西南地区的产业结构以及经济差异，来找出优化产业结构以及调控经济差异的路径，并研究在异质性约束条件下，找出具有滇西南特色的城镇化道路；最后，滇西南经济研究还涉及城乡一体化以及区域合作，区域旅游合作作为区域合作的重要部分其关键是要形成良性竞合的关系，而在滇西南地区实现城乡一体化的重点是要消解一体化的体制机制障碍。

二 变量设计、指标选择与模型设定

本研究在借鉴相关研究（范爱军，2007；杨先明和刘岩，2010；等等）并考虑滇西南地区异质性特征以及数据的可获得性的基础上设计了如下的解释变量，并通过与之对应的指标来实证研究滇西南区域要素空间集聚与扩散的特征。

（1）名义 GDP，该指标能比较客观地反映出一个国家或者地区的发展水平以及发展程度。一般而言，该指标值越大，则该国家或地区吸引外部要素进入该国家或地区的能力就越强，越能降低市场分割水平，进而一体化的能力也就越强。反过来讲，该指标越小，则该国家或地区吸引外部要素进入该国家或地区的能力就越弱，越会提高市场分割程度，进而一体化的能力也就越弱。因此本研究预计这个变量的系数为负。

（2）贸易依存度。对于贸易依存度对市场分割进而对区域经济一体化的影响，学术界存在争议，不同的开放程度会有不同的作用（杨先明和刘岩，2010）。因此这个变量的系数不确定，是需要进一步研究的问题。

（3）交通运输条件。一般而言，交通运输条件的提高，可降低要素流动的成本，更加有利于要素的流动与集聚，并最终有利于提高区域经济一体化水平。因此本研究预计这个变量的系数为负。

（4）人口流动的测度。本研究将采用客流强度指数来考察地区之间动态人口流动的强度和变化，使我们清晰地看到更短时间内人口要素流动的变化及影响。考虑到滇西地区各地相互连接的交通方式以公路为主，故采用公路旅客周转量来衡量客流强度指数。这一指标值越大，短时间内人口要素流动的流量就越大，也就越能进一步促进区域经济的一体化。因此本研究预计这个变量的系数为负。

（5）货物资本流动的测度。本研究将通过货物流强度指数来考察地区之间动态实物资本流动的强度和变化。基于前述原因，采用公路货物周转量来衡量货物强度指数。这一指标值越大，动态实物资本流动的强度就越大，就越能进一步促进区域经济的一体化，而这一指标数值的增大，也在一定程度上说明这一区域交通基础设施的健全水平在提高，而交通基础设施的进一步健全则会进一步降低运输成本，区域经济的一体化程度也就随之提高。因此本研究预计这个变量的系数为负。

为研究"关系数据"等相关因素对区域经济一体化趋势的影响程度，本研究建立动态面板数据回归方程如下：

$$\ln(I_{i,t}) = \beta_0 + \beta_1 \ln(I_{i,t-1}) + \beta_2 \ln(GDP_{i,t}) + \beta_3 \ln(Trade_{i,t}) + \beta_4 \ln(Trans_{i,t}) \\ + \beta_5 \ln(P_{i,t}) + \beta_6 \ln(K_{i,t}) + \varepsilon_{i,t} \qquad (7-1)$$

方程中，i 为各地区的序号，$i=1, 2, \cdots, N$；t 为时期序号，$t=1, 2, \cdots, T$；$I_{i,t}$ 表示 i 区域第 t 年度的区域经济一体化指数；$I_{i,t-1}$ 表示 i 区域第 t 年度上一期的区域经济一体化指数；$GDP_{i,t}$ 表示 i 地区第 t 年度的 GDP；$Trade_{i,t}$ 表示 i 地区第 t 年度的贸易依存度；$Trans_{i,t}$ 表示 i 地区第 t 年度的交通运输条件；$P_{i,t}$ 表示 i 地区第 t 年度的人口要素流动强度指数；$K_{i,t}$ 表示 i 地区第 t 年度的实物资本流动强度指数；β_0 为截距项，β_1、β_2、β_3、β_4、β_5 和 β_6 为待估计参数；$\varepsilon_{i,t}$ 为随机扰动项。

三 基于滇西南地区的实证分析

(一) 滇西南区域经济一体化水平的测度

本研究数据来源于 2003~2013 年保山市、临沧市和德宏州统计局所发布的《统计年鉴》中公布的相关数据。依据式 (7-1), 首先计算出 2004~2013 年滇西南地区各州市与邻近州市的相对价格指数, 其均值即是该州市的区域经济一体化指数, 这样可以得到 3 个州市 10 年即 2004~2013 年的区域经济一体化程度变化的情况。然后再将这 3 个州市的区域经济一体化指数求均值, 便可得到滇西南地区的区域经济一体化指数。具体测算结果如表 7-1 所示。

表 7-1 滇西南地区各州市区域经济一体化指数表

年份	保山市	临沧市	德宏州	滇西南地区
2004	0.0120	0.0131	0.0109	0.0120
2005	0.0072	0.0010	0.0134	0.0072
2006	0.0204	0.0179	0.0229	0.0204
2007	0.0220	0.0255	0.0185	0.0220
2008	0.0094	0.0170	0.0019	0.0094
2009	0.0270	0.0303	0.0237	0.0270
2010	0.0323	0.0338	0.0307	0.0323
2011	0.0015	0.0010	0.0019	0.0015
2012	0.0076	0.0057	0.0096	0.0076
2013	0.0087	0.0107	0.0068	0.0087

从表 7-1 来看, 滇西南地区的区域经济一体化指数在所观测的 10 年中 2010 年的值最大, 为 0.0323, 这说明 2010 年滇西南地区的区域经济一体化程度最低, 而 2011 年的值最小, 为 0.0015, 这也

说明 2011 年滇西南地区的区域经济一体化程度是这 10 年中最高的一年。从总体的趋势看，2004 年开始指数数值逐步下降直至 2005 年达到 0.0072；在 2006 年发生一次波动，回升到 0.0204，2007 年继续上升直至 0.0220，接下来又开始下降，到 2008 年下降至 0.0094；在 2009 年发生第二次波动，指数上升到 0.0270，直至 2010 年达到这 10 年的峰值，为 0.0323。2011 年则又下降到了这 10 年的最低值，为 0.0015。在 2012 年发生第三次波动，指数又回升到了 0.0076，而 2013 年其指数值也高达 0.0087。因此，滇西南地区的区域经济一体化程度在波动中逐步提高，滇西南区域经济正呈现出逐步趋于整合的总体态势。

（二）计量模型、数据及描述性统计

$$\ln(I_{i,t}) = \beta_0 + \beta_1 \ln(I_{i,t-1}) + \beta_2 \ln(GDP_{i,t}) + \beta_3 \ln(Trade_{i,t}) + \beta_4 \ln(Trans_{i,t}) + \beta_5 \ln(P_{i,t}) + \beta_6 \ln(K_{i,t}) + \varepsilon_{i,t} \quad (7-2)$$

其中，i 为地区的排列序号，保山市为 1，临沧市为 2，德宏州为 3；t 为时期序号，$t=1, 2, \cdots, 10$，样本从 2004 年到 2013 年，共 10 年；$I_{i,t}$ 表示 i 地区第 t 年度的区域经济一体化指数；$I_{i,t-1}$ 表示 i 地区第 t 年度上一期的区域经济一体化指数；$GDP_{i,t}$ 表示 i 地区第 t 年度的 GDP；$Trade_{i,t}$ 表示 i 地区第 t 年度的贸易依存度；$Trans_{i,t}$ 表示 i 地区第 t 年度的交通运输条件；$P_{i,t}$ 表示 i 地区第 t 年度的人口要素流动强度指数；$K_{i,t}$ 表示 i 地区第 t 年度的实物资本流动强度指数；β_0 为截距项，β_1、β_2、β_3、β_4、β_5 和 β_6 为待估计参数；$\varepsilon_{i,t}$ 为随机扰动项。

本研究的数据是基于样本为滇西南地区三个市州 2004~2013 年三地统计局所发布的数据建立起来的面板数据。区域经济一体化指数的测度即为表 7-1 的测算结果。表 7-2 给出了各变量的描述性统计结果。

表 7-2　描述性统计

变量	均值	极大值	极小值	标准差
全样本				
I	0.0141	0.0338	0.0010	0.010539
GDP	186.8233	449.74	49.1	108.88552
$Trade$	0.2097	0.7510	0.0200	0.2416092
$Trans$	6906.4	13700	2607	2991.9372
P	114862.8333	206851	50554	43077.64185
K	183977.5	506684	70739	102476.6513

（三）计量结果分析

因为要估计的模型是一个动态面板数据模型，有可能存在解释变量与随机扰动项相关和横截面相依性的问题，所以如果采用传统的估计方法，必然存在参数估计的非一致性和有偏性。为此，Arellano 和 Bond[①]、Blundell 和 Bond[②] 提出了 GMM 估计方法，很好地解决了上述问题。

表 7-3 给出了使用两步差分 GMM 估计方法对模型（7-2）进行估计的结果。AR（1）和 AR（2）检验表明差分以后的随机误差项不存在二阶序列相关，Sargan 检验和 Hansen 检验的结果表明工具变量是外生的，模型估计结果是有效的。估计结果表明，在 2004~2013 年观测期内，区域经济一体化指数滞后项参数估计的结果通过了显著性水平为 0.01 的显著性检验，这表明滇西南地区上一期的区域经济一体化程度对下一期的区域经济一体化存在显著的延续性影响；贸易依存度的参数估计结果通过了显著性水平为 0.05 的显著性检验，其他自变量的参数估计并没有通过显著性检验。

---

① Arellano, Bond. Some Tests of Specification for Panel Data: Monte Carlo Evidence and an Application to Employment Equations. *Review of Economic Studies*, 1991, (2).
② Blundell, Bond. Initial Conditions and Moment Restrictions in Dynamic Panel Data Models. *Journal of Econometrics*, 1998, (87).

表7-3 采用两步差分 GMM 的方法对模型（7-2）进行估计的基本回归结果

变量	区域经济一体化指数
	模型（7-2）
$\ln I_{t-1}$	-1.493109***
	(0.5338339)
$\ln GDP$	
$\ln Trade$	-8.626937**
	(3.858015)
$\ln Trans$	-1.475256
	(0.9988674)
$\ln P$	
$\ln K$	
AR（1）	0.748
AR（2）	0.237
Sargan	0.203
Hansen	1.000

注：***、**、*分别表示0.01、0.05和0.1的显著性水平，AR（1）、AR（2）和Sargan分别表示AR（1）检验P值、AR（2）检验P值和Sargan检验P值。

动态面板数据模型的数据应当具有平稳性的性质，否则会出现虚假回归的问题，而如果残差为平稳序列，则动态面板数据是平稳的。基于此，为了保证估计结果的有效性，本研究对估计得到的残差进行了平稳性检验，结果表明本研究的动态面板数据模型的数据具备平稳性，说明本研究的结论具有较好的稳健性。

通过对上述模型的估计，本研究得出如下结论。

（1）在考察期内，滇西南区域经济一体化指数滞后项的参数估计结果通过了显著性水平为0.01的显著性检验，这表明滇西南地区上一期的区域经济一体化程度对下一期的区域经济一体化存在显著的延续性影响，具有惯性。

（2）在考察期内，贸易依存度的参数估计结果通过了显著性水平为 0.05 的显著性检验,这表明贸易依存度是推进滇西南区域经济一体化的主要原因。

(3) 在考察期内,交通运输条件的参数估计结果没有通过显著性水平为 0.01、0.05 和 0.1 的显著性检验,这表明交通运输条件不是推进滇西南区域经济一体化的主要原因,这与经济理论上认识并不一致。产生这样的结果,一方面可能是由研究方法的选择、数据的缺乏、指标选择等可能的问题导致的;另一方面可能是滇西南地区的某些特殊性和关系数据所具有的某些局限性以及模型中的其他因素所造成的。

四 本章小结及政策含义

本章对滇西南区域经济研究的现有文献进行了回顾、梳理及评述,并基于 2004~2013 年滇西南三州市的面板数据,建立了动态面板数据模型,从要素流动、空间集聚的角度实证研究了滇西南区域经济一体化的问题。依据上述分析,可以得出以下研究结论:一,从现有文献看,对滇西南经济的研究主要集中在旅游产业发展、农业经济与反贫困、产业结构与经济差异、城镇化发展以及城乡一体化与区域合作等五个方面,就研究水平而言还处于较为初级的阶段,研究还不成体系,但上述学者对滇西南经济的研究付出了艰辛的努力,取得了一些积极的成果。首先,滇西南地区的地域划分问题,虽然有些不同意见,但从整体上讲并没有太大问题,因为这些地区都属于云南的西南部,而存在分歧很大程度上是由研究的需求不同造成的;其次,对于滇西南地区旅游业的发展问题,研究和着力的重点是如何与滇西北形成一种良性的竞合关系,并充分发挥自身异质性的比较优势,实现旅游业的发展;再次,滇西南经济研究的另外一个着力点是农业经济与反贫困,主要研究如何依靠农业技术的进步来实现农户收入的提高,进而实现反贫困的目标;又次,滇西南经济研究还有一个着力点是产业结构、经济差异以及城镇化问题，主要通过分析滇西南地区的产业结构以及经济差异，来找出优化产业结构以及调控经济差异的路径，并研究在异质性约束条件下，找出具有滇西南特色的城镇化道路；最后，滇西南经济研究还涉及城乡一体化以及区域合作，区域旅游合作作为区域合作的重要部分其关键是要形成良性竞合的关系，而在滇西南地区实现城乡一体化的重点是要消解一体化的体制机制障碍。二，滇西南地区上一期的区域经济一体化程度对下一期的区域经济一体化存在显著的延续性影响，具有惯性。三，贸易依存度是推进滇西南区域经济一体化的主要原因。四，交通运输条件不是推进滇西南区域经济一体化的主要原因，这与经济理论上认识并不一致。产生这样的结果，一方面可能是由研究方法的选择、数据的缺乏、指标选择等可能的问题导致的；另一方面可能是滇西南地区的某些特殊性和关系数据所具有的某些局限性以及模型中的其他因素所造成的。

本章的结论具有重要的政策含义。一，由于滇西南地区上一期的区域经济一体化程度对下一期的区域经济一体化存在显著的延续性影响，具有惯性，因此推进滇西南区域经济一体化应当着眼于长远，不可受短期内一些不利因素的干扰，特别是三地政府应当首先树立这样的决心和信心。二，根据本章的发现，滇西南地区贸易依存度的提升有利于滇西南区域经济一体化水平的提升，贸易依存度是推进滇西南区域经济一体化的主要原因。因此，应该积极利用保山、德宏和临沧作为边疆州市的比较优势，要设立专项资金，用来推进边境口岸的基础设施建设，改善边境口岸的交通、通信、物流配套设施以及通关设施，为要素跨境流动与集聚创造条件。要通过与毗邻国家的沟通与协调，加快推进通关便利化，降低贸易和交易成本，提升滇西南地区的贸易依存度以及对外开放程度，最终不断提升滇西南地区的区域经济一体化水平。

第八章 空间集聚视角下的滇西城市经济一体化：丽江大理案例

我国目前正在实施"一带一路""长江经济带"等发展计划，同时也正在努力推进中国—中南半岛经济走廊、孟中印缅经济走廊建设，对脱贫攻坚、区域合作更为重视。这些国家计划的实施和不断推进，为云南经济的发展提供了重要的历史性机遇。为此，云南省委省政府为了更好地融入和主动服务"一带一路"建设和长江经济带建设，进一步优化云南发展空间格局，加快少数民族贫困地区的发展，出台了《云南金沙江开放合作经济带发展规划》，将滇西的丽江、大理以及迪庆纳入其中。因此，为了进一步优化云南发展空间格局、推进金沙江开放合作经济带、实现滇西反贫困目标，从要素流动、空间集聚的角度，按照大处着眼、小处着手的思路，研究丽江大理城市经济一体化问题有着重要的现实意义。

一 文献回顾

从现有文献来看，对城市经济合作问题的研究较为少见，主要有：臧秀梅研究了东西部城市经济的合作与发展问题，认为城市是现代经济发展的集散辐射地，而加强城市经济的合作不仅符合当代世界经济发展的主流趋势，而且我国东西部城市发展间存在的互补性和兼容性，使加强东西部城市合作将成为21世纪我国经济发展的新亮点。① 乔观民和郑魁浩对浙东四城市经济合作问题进行了研究，认为区域经济一体化是经济发展的必然趋势，而经济与技术互补是浙东经济区合作的基础，追逐合作的经济利益则是浙东经济区合作的动力，还具体厘清了有关浙东区域经济整合的几个问题，认为：一是要在微观上以市场为主导，而在总体上坚持政府推动的发展模式；二是要注重区域大经济中心建设和次经济中心建设上的彼此协调；三是要注重经济结构的区域整合；四是要注重资源联合和项目联合；五是要加快区域协调机制的构建。② 叶庆针对长江沿岸城市经济合作状况不理想的问题提出了改进合作的具体意见：一是要增强整体意识；二是关键在于提高整体竞争力；三是当务之急在于优化整体结构。③ 罗小龙和沈建法以长江三角洲城市经济协调会为例，并基于共同利益的视角研究了长江三角洲的城市合作问题，发现城市合作是一个从信息交流、专题合作到共同市场建设的过程，并认为城市合作类型主要有促销型、发展型、协调型、战略型以及资源共享型等五种类型，同时指出在我国已经出现了真正意义上的区域管治模式，还认为城市合作的实质是对利益的协调，是合作城市在平等互利的基础上，自发自愿进行的。④ 杨顺湘从政治学的视角来研究长江沿岸中心城市经济能级的政府间协调合作发展问题，认为长江沿岸的 29 个中心城市所联结成的经济区域是我国经济发展中最具实力、潜力以及活力的发展轴，因此长江沿岸中心城市通过构建一个政府协调合作发展的长效机制，并依靠政府合作来促进生产要素跨区域合理流动，进而实现互利多赢是在现行体制下实现自身又好又快发

---

① 臧秀梅：《东西部城市经济的合作与发展》，《社会科学研究》2000 年第 3 期。
② 乔观民、郑魁浩：《浙东四城市经济合作探讨》，《经济地理》2001 年第 12 期。
③ 叶庆：《浅谈长江沿岸城市经济的合作发展》，《决策咨询通讯》2006 年第 3 期。
④ 罗小龙、沈建法：《基于共同利益关系的长江三角洲城市合作——以长江三角洲城市经济协调会为例》，《经济地理》2008 年第 4 期。

展的理性选择。① 于阳等运用引力模型,研究了泛长三角地区安徽六市的城市经济合作问题,认为泛长三角地区安徽六市的经济合作空间模式是一种以南京和杭州为核心的双圆模式,还认为交通合作、制度合作、产业合作、人才合作以及虚拟组织合作是泛长三角地区安徽六市城市经济合作的主要内容。②

另外,从当前文献看,对丽江大理城市经济合作的研究也同样较为少见,主要集中在旅游合作方面,其他方面则鲜有涉及。孙景荣等以丽江和大理为例,对古城型旅游地国际客源市场空间结构进行了比较分析研究,认为丽江和大理有着相同的客源市场,因而两地可以针对目标市场进行联合营销,进一步加强旅游合作,促进两地旅游业的发展。③ 陈娟以丽江和大理为例研究了生态位理论在区域旅游竞合中的应用问题,认为利用生态位态势理论及扩充模型来研究区域旅游竞合关系,不但能为旅游地开发提供新的视角,而且能为制定区域旅游发展战略提供新理论、新视角。④ 颜飞等从旅游流的角度研究了丽江和大理的旅游竞合关系,认为区域旅游竞合的发展要求旅游地一方面要在空间上协作,而且更为重要的是要求旅游发展的各个产业链要形成良性的互补关系;另一方面要建立起旅游区内部协调合作的机制和模式;还有就是要做到交通设施共享、旅游市场的识别及共享、旅游资源信息的共享,并在此基础上实现制度与组织、协调机制的创新和不断完善。⑤ 毕丽芳以丽江和大理为例研究了"一带一路"背景下民族文化旅游资源开发的模式,认

---

① 杨顺湘:《论长江沿岸中心城市经济能级的政府间协调合作发展——政治学新视角论区域合作》,《重庆大学学报》(社会科学版) 2009 年第 5 期。
② 于阳、朱云鹃、朱学星:《泛长三角地区安徽六市的城市经济合作研究》,《技术经济》2011 年第 12 期。
③ 孙景荣、张丽娟、张娟:《古城型旅游地国际客源市场空间结构比较分析——以大理和丽江为例》,《云南地理环境研究》2009 年第 5 期。
④ 陈娟:《生态位理论在区域旅游竞合中的应用研究——以大理、丽江旅游区为例》,《林业经济》2013 年第 5 期。
⑤ 颜飞、李伟、孙晶、孙兆法:《基于旅游流视角的丽江大理旅游竞合研究》,《城市旅游规划》2014 年第 3 期。

第八章　空间集聚视角下的滇西城市经济一体化：丽江大理案例 | 135

为丽江和大理可在空间上采取旅游联动开发模式，在区域内进行"核心—边缘"联动开发，在区域间进行"双核"联动开发，在滇西北这一更大的区域内则进行"点—轴"联动开发；另外，还认为应当充分利用丽江大理民族文化资源的优势，采用文化与旅游融合开发的模式。①

总之，目前的文献对城市经济合作问题的研究无论从研究水平还是从研究深度来衡量，都处于较为初级、不系统以及零散的阶段，而具体到丽江和大理两城市之间的合作来说，已有研究主要集中在了旅游合作方面，对其他方面则几乎没有涉及，究其原因，很大程度上是由于丽江和大理将旅游业作为支撑城市经济发展的重点产业，丽江更是将旅游业打造成了自己不可或缺的支柱产业，另外两市在地理上也毗邻。因此，较为自然地，旅游合作成为丽江大理两市合作的优先和重点领域，但从研究的水平和深度来看，已有研究仍然处于较为初级的阶段。本研究试图从要素流动、空间集聚的视角，研究城市经济合作问题，研究视角较为新颖，同时以丽江大理为例，研究城市经济合作问题，对于充分发挥丽江大理两地异质性的比较优势，实现互利双赢的发展，实现滇西经济的进一步整合发展，实现滇西反贫困目标，有着重要的现实意义。

二　研究设计

（一）城市经济一体化水平的测度

推进城市经济合作的根本目的在于实现城市经济的整合以及城市经济的一体化，因此测度一体化的水平，并将这一指标作为被解释变量是符合研究逻辑的。从现有文献看，问卷调查法、贸易法、价格法、经济周期法以及生产法是测量一体化水平较为常见的方

---

① 毕丽芳：《"一带一路"背景下民族文化旅游资源开发模式研究——以大理、丽江为例》，《资源开发与市场》2017年第4期。

法。本研究将采用相对价格法来测度城市经济一体化的程度。参考有关研究（桂琦寒等①、杨先明和刘岩②等），建立以下的相对价格指数模型：

$$\Delta Q_{i,j,t} = \ln\left(\frac{P_{i,t}}{P_{j,t}}\right) - \ln\left(\frac{P_{i,t-1}}{P_{j,t-1}}\right) = \ln\left(\frac{P_{i,t}}{P_{i,t-1}}\right) - \ln\left(\frac{P_{j,t}}{P_{j,t-1}}\right) \quad (8-1)$$

其中，t 为时期序号，$t=1，2，\cdots，T$；$P_{i,t}$ 为第 i 地的价格水平，$P_{j,t}$ 为第 j 地的价格水平，i 地和 j 地是相邻的地区。相对价格指数的数值越小，i 地和 j 地的一体化水平就越高；相对价格指数的数值越大，i 地和 j 地的一体化水平就越低。

（二）指标选择与模型设定

本研究在考虑丽江大理异质性特征并参考前期相关研究（范爱军等③、杨先明和刘岩④等）的基础上，设计了以下的解释变量，并选择相对应的指标来解释城市经济一体化的水平和程度。

（1）名义 GDP。这一指标能较为客观地反映一个城市的发展水平及程度。一般而言，一城市名义 GDP 的值越大，则其吸引外部要素进入该城市的能力就越强，越能降低市场分割水平，增强一体化水平。反之，名义 GDP 的值越小，则其吸引外部要素进入该城市的能力就越弱，越会提高市场分割的程度，减弱一体化水平。因此，本研究预计这个变量的系数为负。

（2）非公经济增加值占当年 GDP 的比重。某一城市非公经济增加值占当年 GDP 的比重越高，则该城市地方政府对经济的控制能力就越弱，保护本市产业的动机也就越弱，市场分割水平就越

---

① 桂琦寒、陈敏、陆铭、陈钊：《中国国内商品市场趋于分割还是整合：基于相对价格法的分析》，《世界经济》2006 年第 2 期。
② 杨先明、刘岩：《中国国内市场分割动因研究》，《思想战线》2010 年第 2 期。
③ 范爱军、李真、刘小勇：《国内市场分割及其影响因素的实证分析——以我国商品市场为例》，《南开经济研究》2007 年第 5 期。
④ 杨先明、刘岩：《中国国内市场分割动因研究》，《思想战线》2010 年第 2 期。

低,进而一体化的水平也就越高。因此,本研究预计这个变量的系数为正。

(3) 国内旅游收入和国际旅游外汇收入。考虑到丽江大理旅游业在当地国民经济中的重要地位,因此用国内旅游收入来衡量旅游业的发展水平,同时用国际旅游外汇收入来衡量旅游业的对外开放程度,而这两个指标对城市经济一体化水平的影响和作用需要进一步研究,故这两个变量的系数不确定。

(4) 贸易依存度。贸易依存度对城市经济一体化及城市经济合作的影响,学术界存在争议,并无定论,开放程度的差异会产生不同的作用(杨先明和刘岩,2010)。因此,该变量的系数不确定,还需进一步研究。

(5) 交通运输条件。一般情况下,交通运输条件的提升,会导致要素流动成本下降,有利于要素的流动与集聚,进而能提升城市经济一体化的程度与水平。因此,本研究预计这一变量的系数为负。

(6) 人口流动。为了较为清晰地测量短时间内人口要素流动的变化及其影响,本研究采用客流强度指数来考察城市之间动态人口流动的强度及变化。指标值越大,自然短时间内人口要素流动的流量就越大,越能促进城市经济的一体化,推进城市经济合作。因此,本研究预计这一变量的系数为负。

(7) 货物资本的流动。本研究采用货物流强度指数来考察城市之间动态实物资本流动的强度及变化,这一指标值越大,则动态实物资本流动的强度也就越大,城市经济一体化的水平也会越高。因此,本研究预计这个变量的系数为负。

基于以上的认识,本研究建立动态面板数据回归方程如下:

$$I_{i,t} = \beta_0 + \beta_1 I_{i,t-1} + \beta_2 GDP_{i,t} + \beta_3 NPE_{i,t} + \beta_4 DTI_{i,t} + \beta_5 ITFEE_{i,t} + \beta_6 Trade_{i,t}$$
$$+ \beta_7 Trans_{i,t} + \beta_8 P_{i,t} + \beta_9 K_{i,t} + \varepsilon_{i,t} \quad (8-2)$$

方程中,i 为各城市的序号,$i = 1, 2, \cdots, N$;t 为时期序号,

$t=1, 2, \cdots, T$; $I_{i,t}$ 表示 i 城市第 t 年度的城市经济一体化指数; $I_{i,t-1}$ 表示 i 城市第 t 年度上一期的城市经济一体化指数; $GDP_{i,t}$ 表示 i 城市第 t 年度的 GDP; $NPE_{i,t}$ 表示 i 城市第 t 年度的非公经济增加值占当年 GDP 的比重; $DTI_{i,t}$ 表示 i 城市第 t 年度的国内旅游收入; $ITFEE_{i,t}$ 表示 i 城市第 t 年度的国际旅游外汇收入; $Trade_{i,t}$ 表示 i 城市第 t 年度的贸易依存度; $Trans_{i,t}$ 表示 i 城市第 t 年度的交通运输条件; $P_{i,t}$ 表示 i 城市第 t 年度的人口要素流动强度指数; $K_{i,t}$ 表示 i 城市第 t 年度的实物资本流动强度指数; β_0 为截距项, β_1、β_2、β_3、β_4、β_5、β_6、β_7、β_8 和 β_9 为待估计参数; $\varepsilon_{i,t}$ 为随机扰动项。

三 基于丽江大理的实证分析

(一) 丽江大理城市经济一体化水平测度

本研究数据来源于 2003~2013 年丽江市统计局和大理州统计局所发布的《统计年鉴》中公布的相关数据。根据式 (8-1), 计算出 2004~2013 年丽江与大理的相对价格指数, 其值即是丽江大理的城市经济一体化指数, 这样可以得到丽江大理 10 年即 2004~2013 年城市经济一体化程度变化的情况。具体测算结果如表 8-1 所示。

从表 8-1 来看, 丽江大理城市经济一体化指数在所观测的 10 年中第一年即 2004 年的值最大, 为 0.0293, 这说明 2004 年丽江大理的城市经济一体化程度是最低的。在此之后, 2005 年甚至是 0, 但 2006 年又回升到了 0.0039, 之后又整体上呈逐步下降趋势。总体上看, 整个过程中虽然有两个年份即 2005 年和 2013 年为极端值 0, 且各年有起浮和反复, 但整体下降的趋势并没有改变。因此, 丽江大理城市经济一体化程度在波动中逐步提高, 城市经济正逐步趋于整合。

第八章　空间集聚视角下的滇西城市经济一体化：丽江大理案例 | 139

表 8-1　丽江大理城市经济一体化指数表

年份	2004	20005	2006	2007	2008
城市经济一体化指数	0.0293	0.000	0.0039	0.0038	0.0048
年份	2009	2010	2011	2012	2013
城市经济一体化指数	0.0030	0.0010	0.0010	0.0058	0.0000

（二）计量模型、数据及描述性统计

为进一步研究要素对丽江大理城市经济一体化趋势的影响，本研究构建动态面板数据回归方程如下：

$$I_{i,t} = \beta_0 + \beta_1 I_{i,t-1} + \beta_2 GDP_{i,t} + \beta_3 NPE_{i,t} + \beta_4 DTI_{i,t} + \beta_5 ITFEE_{i,t} + \beta_6 Trade_{i,t}$$
$$+ \beta_7 Trans_{i,t} + \beta_8 P_{i,t} + \beta_9 K_{i,t} + \varepsilon_{i,t} \quad (8-3)$$

其中，i 为城市的排列序号丽江为1，大理为2；t 为时期序号，$t=1, 2, \cdots, 10$，样本从2004年到2013年，共10年；$I_{i,t}$ 表示 i 城市第 t 年度的城市经济一体化指数；$I_{i,t-1}$ 表示 i 城市第 t 年度上一期的城市经济一体化指数；$GDP_{i,t}$ 表示 i 城市第 t 年度的GDP；$NPE_{i,t}$ 表示 i 城市第 t 年度的非公经济增加值占当年GDP的比重；$DTI_{i,t}$ 表示 i 城市第 t 年度的国内旅游收入；$ITFEE_{i,t}$ 表示 i 城市第 t 年度的国际旅游外汇收入；$Trade_{i,t}$ 表示 i 城市第 t 年度的贸易依存度；$Trans_{i,t}$ 表示 i 城市第 t 年度的交通运输条件；$P_{i,t}$ 表示 i 城市第 t 年度的人口要素流动强度指数；$K_{i,t}$ 表示 i 城市第 t 年度的实物资本流动强度指数；β_0 为截距项，β_1、β_2、β_3、β_4、β_5、β_6、β_7、β_8 和 β_9 为待估计参数；$\varepsilon_{i,t}$ 为随机扰动项。

根据丽江大理2004~2013年两地统计局发布的数据所构建的面板数据是本研究的数据基础。城市经济一体化指数的测度结果如表8-1所示。表8-2则给出了各变量的描述性统计结果。

表 8-2 描述性统计

全样本

变量	均值	极大值	极小值	标准差
I	0.00526	0.0293	0	0.008455
GDP	277.8386	760.77	52.2	206.9121
NPE	0.468322	0.5428	0.38	0.037625
DTI	982401.8	2665200	83809	708124.7
$ITFEE$	13200.49	35768.62	417	10558.16
$Trade$	0.022169	0.048405	0.00853	0.008505
$Trans$	6933.75	13270	1959	3499.592
P	400406.4	814790	63611.5	317562.6
K	353426.4	685412	111000.6	236055.8

（三）计量结果分析

显然，本研究要估计的是一个动态面板数据模型，但这类模型有可能存在解释变量与随机扰动项相关以及横截面相依性的问题。因此如果沿用传统的方法进行估计，就有可能存在参数估计的有偏性和非一致性。为了很好地解决这些问题，Arellano 和 Bond[1]、Blundell 和 Bond[2] 提出了 GMM 估计方法。

表 8-3 给出了使用差分 GMM 估计方法对模型（8-3）进行估计的结果。AR（1）和 AR（2）检验表明差分以后的随机误差项不存在二阶序列相关，Sargan 检验表明工具变量是外生的，模型估计结果是有效的。估计结果表明，在 2004～2013 年这 10 年的观测期

---

[1] Arellano, Bond. Some Tests of Specification for Panel Data: Monte Carlo Evidence and an Application to Employment Equations. *Review of Economic Studies*, 1991, (2).

[2] Blundell, Bond. Initial Conditions and Moment Restrictions in Dynamic Panel Data Models. *Journal of Econometrics*, 1998, (87).

内，城市经济一体化指数滞后项的参数估计结果通过了显著性水平为 0.01 的显著性检验，GDP 的参数估计结果通过了显著性水平为 0.01 的显著性检验，而非公经济增加值占当年 GDP 的比重的参数估计结果则未能通过显著性检验。在观察期内，国内旅游收入的参数估计结果通过了显著性水平为 0.1 的显著性检验，国际旅游外汇收入的参数估计结果通过了显著性水平为 0.01 的显著性检验。另外，交通运输条件、人口要素流动强度指数以及实物资本流动强度指数的参数估计结果无一例外地通过了显著性水平为 0.01 的显著性检验，但是贸易依存度参数估计结果未能通过显著性检验。

表 8-3　采用差分 GMM 的方法对模型（3）进行估计的基本回归结果

变量	城市经济一体化指数 模型（3）
I_{t-1}	-0.8420551 *** (0.2119497)
GDP	0.0000231 *** (0.00000812)
NPE	0.0055405 (0.0523572)
DTI	0.00000000827 * (0.00000000424)
ITFEE	-0.0000004 *** (0.000000151)
Trade	0.0328005 (0.0479705)
Trans	-0.00000255 *** (0.000000796)
P	0.000000127 *** (0.0000000459)

续表

变量	城市经济一体化指数
	模型（3）
K	-0.00000157***
	(0.0000000554)
AR（1）	0.012
AR（2）	0.055
Sargan	0.112

注：***、**、*分别表示0.01、0.05和0.1的显著性水平，AR（1）、AR（2）和Sargan分别表示AR（1）检验P值、AR（2）检验P值和Sargan检验P值。

　　差分GMM估计方法存在会损失较大的样本信息量的问题，同时还存在解释变量的时间经历较长跨度时，工具变量的有效性会削弱的问题，而系统GMM的工具变量有着更强的有效性，更为重要的是系统GMM能对非时变遗漏变量和测量误差所产生的内生性问题进行有效的处理。因此，本研究进一步采用系统GMM估计方法对模型（3）进行了估计，表8-4则给出了模型估计的结果。AR（1）和AR（2）检验的结果表明模型估计的结果是有效的，而Sargan检验的结果表明工具变量是外生的，这些说明模型估计结果是有效的。估计结果表明，在2004~2013年这10年的观察期内，城市经济一体化指数的滞后项的参数估计结果通过了显著性水平为0.01的显著性检验，GDP的参数估计结果通过了显著性水平为0.01的显著性检验，而非公经济增加值占当年GDP的比重的参数估计结果则未能通过显著性检验。在观察期内，国内旅游收入的参数估计结果通过了显著性水平为0.05的显著性检验，国际旅游外汇收入的参数估计结果通过了显著性水平为0.01的显著性检验。另外，交通运输条件、人口要素流动强度指数、实物资本流动强度指数以及常数项的参数估计结果无一例外地通过了显著性水平为0.01的显著性检验，但是贸易依存度参数估计的结果未能通过显著性检验。

第八章 空间集聚视角下的滇西城市经济一体化：丽江大理案例 | 143

表 8-4 采用系统 GMM 的方法对模型（3）进行估计的基本回归结果

变量	城市经济一体化指数 模型（3）
I_{t-1}	-0.8403152 *** (0.1968297)
GDP	0.0000231 *** (0.00000792)
NPE	0.0062199 (0.0422696)
DTI	0.00000000823 ** (0.00000000397)
ITFEE	-0.000000399 *** (0.000000145)
Trade	0.0330819 (0.0462911)
Trans	-0.00000254 *** (0.000000725)
P	0.000000126 *** (0.000000039)
K	-0.00000156 *** (0.0000000537)
常数项	0.0145025 *** (0.0226371)
AR（1）	0.014
AR（2）	0.095
Sargan	0.179

注：***、**、* 分别表示 0.01、0.05 和 0.1 的显著性水平，AR（1）、AR（2）和 Sargan 分别表示 AR（1）检验 P 值、AR（2）检验 P 值和 Sargan 检验 P 值。

平稳性是动态面板数据模型应当具有的性质，不然会产生虚假回归的问题，但是只要能确保残差为平稳序列，则动态面板数据是平稳的。基于以上认识，本研究为了使估计结果具备有效性，对估计得到的残差进行了平稳性检验，结果表明本研究动态面板数据模型的数据具备平稳性，这表明本研究的结果具备较好的稳健性。

通过对上述模型的估计，本研究结论如下。

（1）在考察期内，城市经济一体化指数滞后项的参数估计结果通过了显著性水平为 0.01 的显著性检验并且为负，这表明丽江和大理上一期的城市经济一体化水平对下一期的城市经济一体化水平有着延续性的影响，存在惯性，具有路径依赖的特征。

（2）在考察期内，国际旅游外汇收入的参数估计结果通过了显著性水平为 0.01 的显著性检验并且为负，这表明丽江和大理国际旅游外汇收入水平的上升将有助于丽江大理城市经济一体化水平的提升。

（3）在考察期内，交通运输条件的参数估计结果通过了显著性水平为 0.01 的显著性检验并且为负，这表明丽江和大理交通运输条件的改善和提升将有助于丽江大理城市一体化水平的提升。

（4）在考察期内，实物资本流动强度指数的参数估计结果通过了显著性水平为 0.01 的显著性检验并且为负，这表明丽江和大理实物资本流动强度的增强将有助于丽江大理城市一体化水平的提升。

（5）在考察期内，GDP 和人口要素流动强度指数的参数估计结果通过了显著性水平为 0.01 的显著性检验，国内旅游收入的参数估计结果也通过了显著性检验，以上三个解释变量都显著为正，这表明丽江和大理 GDP 的增加、人口要素流动强度的增加以及国内旅游收入的增加将不利于丽江大理城市一体化水平的提升。这样的结果与先前本研究的认识并不一致，产生这样结果很大程度上可能是丽江大理的某些特殊性和异质性以及数据的某些局限性，还有模型的其他因素造成的，这也是需要再进一步深入研究的问题。

（6）在考察期内，非公经济增加值占当年 GDP 的比重、贸易依存度的参数估计结果没有通过显著性水平为 0.01、0.05 和 0.1

的显著性检验，这表明非公经济增加值占当年 GDP 的比重和贸易依存度并不是推进丽江大理城市经济一体化的主要原因，可能的原因主要有两个方面：一是丽江大理作为发展相对落后的地区，对外开放的程度和深度与发达地区相比还有相当的距离，贸易依存度并不高，外贸对两市国民经济的贡献并不高，比重不大；二是作为发展落后地区的丽江和大理，历史上产业较为单一，并不像东北地区那样经历过公有制工业企业大发展的时期，故在本研究中采用非公经济增加值占当年 GDP 的比重作为解释变量来解释城市一体化的水平在一定程度上具有局限性。

四 推进丽江大理城市经济一体化的政策措施

（一）丽江大理政府应当发出推进城市经济一体化的稳定预期

由于丽江大理城市经济一体化水平对下一期的城市经济一体化水平有着延续性的影响，存在时滞效应，因此丽江大理城市经济一体化是一个长期的过程，需要长久的努力和积累，并不是一个一蹴而就的过程。基于这样的认识，丽江和大理的城市经济合作应当着眼于长远，不可受短期内一些不利因素的干扰，特别是两地政府应当首先树立这样的决心和信心，给社会各界发出推进城市经济一体化的稳定预期。

（二）构建丽江大理城市经济一体化的合作机制

在已有合作、协调机制的基础上，应当探索构建丽江大理城市经济一体化的合作与协调机制。丽江和大理现有的城市协作机制并不多，主要有两个层面：一个层面是基于更大范围的协作机制，代表性的合作机制有跨越川滇黔三省的"川滇黔十市地州合作与发峰会"等；另一个层面是针对丽江大理合作的一些协议或者安排，代表性的是 2011 年签署的《丽江大理旅游区域合作协议》。这些协作机制或安排，虽然为合作各方的发展做出了应有的贡献，但存在的问题也是显而易见的。第一个层面协作机制的主要问题是大而宽泛，重点并不突出，由于客观条件的制约，其合作的成效并不高，而第二个层面虽然聚焦了丽江大理的合作，但其合作领域又显得过于狭窄，只有旅游方面的合作。所以，构建一个全新的合作机制显得非常重要和紧迫。

（三）重点推进丽江大理的旅游产业合作

由于丽江和大理国际旅游外汇收入的增加有助于丽江大理城市一体化水平的提升，因此丽江大理两地应当在推进旅游合作的同时，重点推进合作开发国际旅游市场，并以此为契机不断提升丽江大理两地旅游的国际化水平，实现丽江大理两地旅游产业的升级发展。丽江和大理的旅游业都面临着转型升级的问题，而不断提升两地旅游业的国际化水平应当是实现两地旅游业转型升级的重要路径。政策重点应是以下几个方面。

第一，打造丽江大理共同的旅游品牌形象，对照发达的国际旅游地找出自身的不足，并找准几个重点方面努力进行改进，不断提升丽江大理旅游的内涵，同时通过不断努力，形成有别于其他发达国际旅游地、具有丽江大理特色的品牌形象。

第二，重点就丽江大理的重点国际客源市场进行品牌定位，并深入研究客源市场的季节性、波动性、市场规模以及发展趋势，努力做到有的放矢。

第三，深入研究发达国际旅游地的特征，不断凝练和打造特色，做到错位发展。

（四）推进丽江大理在交通基础设施建设上的合作

由于丽江和大理交通运输条件的改善有助于丽江大理城市一体

第八章　空间集聚视角下的滇西城市经济一体化：丽江大理案例 | 147

化水平的提升，因此应当重点推进丽江大理在交通基础设施建设上的合作，实现两地交通基础设施的进一步优化和改善，不断降低运输成本，构建两地综合的交通运输系统。另外，两地还应争取支持，努力建成丽江大理的高铁等城际通勤运输系统，不断降低通勤成本，努力在交通基础设施领域率先实现一体化。

（五）不断推进丽江大理的物流合作

由于丽江和大理实物资本流动强度的增强有助于丽江大理城市一体化水平的提升，因此应当重点推进丽江大理的物流合作。要以"一带一路"等国家计划的实施为契机，创造条件尽快开通成都至丽江的高铁、丽江至香格里拉甚至是拉萨的铁路、丽江至攀枝花至昭通的铁路以及丽江至攀枝花的高速公路，重点推进物流产业的合作，实现大理滇西物流中心建设和丽江滇西北物流中心建设的无缝对接。

五　本章小结及政策含义

本章基于2004~2013年丽江大理两地的面板数据，建立了动态面板数据模型，从要素流动、空间集聚的角度实证研究了丽江大理的城市经济合作问题。依据实证研究的结果，可以得出以下结论：一是，丽江和大理上一期的城市经济一体化水平对下一期的城市经济一体化水平有着延续性的影响，存在惯性。二是，丽江和大理国际旅游外汇收入的增加、交通运输条件的改善以及实物资本流动强度的增强有助于丽江大理城市一体化水平的提升。三是，丽江和大理GDP的增加、人口要素流动强度的增加以及国内旅游收入的增加不利于丽江大理城市一体化水平的提升。这样的结果与先前本研究的认识并不一致，产生这样结果很大程度上可能是丽江大理的某些特殊性和异质性以及数据的某些局限性，还有模型的其他因素造成的，这也是需要再进一步深入研究的问题。四是，非公经济增加值占当年 GDP 的比重和贸易依存度并不是推进丽江大理城市经济一体化的主要原因，可能的原因主要有两个方面：一方面是丽江大理作为发展相对落后地区，对外开放的程度和深度与发达地区相比还有相当的距离，贸易依存度并不高，外贸对两市国民经济的贡献并不高，比重不大；另一方面作为发展落后地区的丽江和大理，历史上产业较为单一，并不像东北地区那样经历过公有制工业企业大发展的时期，故在本研究中采用非公经济增加值占当年 GDP 的比重作为解释变量来解释城市一体化的水平在一定程度上具有局限性。

本章的发现有着重要的政策含义，也指出了推进丽江大理城市经济一体化的重点。一是，由于城市经济一体化水平对下一期的城市经济一体化水平有着延续性的影响，存在惯性，因此丽江和大理的城市经济合作应当着眼于长远，不可受短期内一些不利因素的干扰，特别是两地政府应当首先树立这样的决心和信心，给社会各界发出推进城市经济合作的稳定预期。二是，由于丽江和大理国际旅游外汇收入的增加有助于丽江大理城市一体化水平的提升，因此丽江大理两地在推进旅游合作的同时应重点推进合作开发国际旅游市场，并以此为契机不断提升丽江大理两地旅游的国际化水平，实现丽江大理两地旅游产业的升级发展。三是，由于丽江和大理交通运输条件的改善以及实物资本流动强度的增强有助于丽江大理城市一体化水平的提升，因此一方面应当重点推进丽江大理在交通基础设施建设上的合作，实现两地交通基础设施进一步优化和改善，不断降低运输成本，另一方面是以"一带一路"等国家计划的实施为契机重点推进物流产业的合作，实现大理滇西物流中心建设和丽江滇西北物流中心建设的无缝对接。

第九章　空间集聚视角下的滇西城市经济一体化：大理保山案例

大理和保山作为滇西地区的重要城市，特别是大理作为规划中的滇西地区的经济中心对滇西地区的发展有着极为重要的作用，而从空间集聚的角度来研究大理保山一体化问题对于进一步优化云南发展格局，更好地融入和主动服务"一带一路"建设，实现滇西反贫困目标以及云南经济的协调发展都有重要的现实意义。

一　文献回顾

从现有文献看，就大理保山城市经济一体化问题进行研究的文献十分鲜见，可以说几乎找不到。因此，本研究只能分别从大理经济、保山经济的角度对现有的相关文献进行梳理和回顾，以期为本研究找到一个坚实的出发点。

（一）大理经济

从当前文献来看，对大理经济的研究主要集中在劳动力转移与反贫困、旅游经济发展、旅游产业与多产业协同发展、农村与民族经济发展等四个方面。

劳动力转移与反贫困。杨雪萍和杨文蕙研究了大理农村富余劳动力的转移问题，认为作为农业大州的大理，农村富余劳动力约占到了农村劳动力的40%，人地矛盾突出，主要存在农村非农产业发展受阻、城市化发展水平滞后、制度障碍依然存在、农村劳动力缺乏专业技能且文化素质不高、劳动力市场发育迟缓等问题，认为应对策略应当包括减少土地密集型产品的种植面积、进一步巩固和发展乡镇企业、加大三产对农村富余劳动力的容纳、加快城市化步伐等。① 马光选和刘强以大理扶贫治理经验为例研究并阐释了整合式扶贫，认为正在大理实践的扶贫模式是一种具备整体涌现性特征、遵循整体性逻辑、内生性逻辑以及综合性逻辑进行运转，能化解地方政府的政策风险，提升国家贫困治理政策执行绩效的新型模式。②

旅游经济发展。吴悦芳和徐红罡以大理古城为例研究了旅游房地产的发展及社会文化的影响，认为国内许多地区特别是不发达地区的旅游地，都希望通过房地产和旅游两大产业来促进区域经济快速发展和提升，而旅游房地产的发展尽管有利于推动古城城市化水平的提升和城市经济的发展，但住房价格飞涨、社区危机、传统文化的流失等问题会对本地居民产生负面影响。③ 周智、黄英和黄娟以云南大理古城周边地区为例从居民感知的角度对少数民族地区旅游城镇化的可持续问题进行了研究，认为旅游城镇化对少数民族地区经济、文化和环境产生的冲击是制约其可持续发展的重要因素，实证研究结果表明：调查区居民对于旅游城镇化的支持意愿较为明显，三个感知层面显著正相关，而环境影响感知测度起到了主要作用。④ 马少吟和徐红罡从消费与生产的角度对大理古城生活方式型旅游企业主移民的生存特征进行了分析研究，研究发现：生活方式型旅游企业主移民到大理古城，并集聚形成了小型的流动移民社

---

① 杨雪萍、杨文蕙：《大理州农村富余劳动力转移问题探讨》，《云南民族大学学报》（哲学社会科学版）2007年第2期。
② 马光选、刘强：《整合式扶贫：一种新的扶贫治理模式的尝试性阐释——以大理州扶贫治理经验为例》，《贵州财经大学学报》2017年第6期。
③ 吴悦芳、徐红罡：《大理古城旅游房地产的发展及社会文化影响研究》，《人文地理》2010年第4期。
④ 周智、黄英、黄娟：《基于居民感知的少数民族地区旅游城镇化可持续发展研究——以云南大理古城周边地区为例》，《现代城市研究》2015年第5期。

区，这完全区别于植根于当地的传统社区居民以及典型的游客。①徐红罡和唐香姐以大理古城为例基于流动性视角对打工者的旅游者行为特征进行了研究，结果发现：打工旅游使工作、休闲和旅游之间的界限变得模糊，这些人在大理过着休闲懒散但与日常相似的生活，具有双重性。②

旅游产业与多产业协同发展。黎洁和李恒以云南大理为例研究了历史文化名城文化产业与旅游产业整合创新的目标模式，认为历史文化名城发展在可持续发展理论指导下与现代旅游业结合就是找到了弘扬民族文化与实现经济、社会可持续发展的结合点。③刘圣欢和杨砚池以大理银桥镇为例对现代农业与旅游业协同发展的机制进行了研究，认为现代农业与旅游业协同发展是农村经济可持续发展的必然要求，同时也是新型城镇化的关键环节，但是存在显著的产业外部性问题，因此应当按照市场手段、行政手段与社会治理相结合的思路，在外部性内部化的路径中实现现代化农业与旅游业的协同发展。④

农村与民族经济发展。余曙光和余小平通过对大理农村劳动力流动和转移的调查，研究了新农村建设与西部民族地区的人力资源开发问题，认为新农村建设需要强大的智力支持以及人才保障，而培育新型农民则是新农村建设的关键。⑤杨莉以大理白族自治州为例，对西部民族特色经济的形成及对经济增长的作用进行了分析研

---

① 马少吟、徐红罡：《从消费到生产：大理古城生活方式型旅游企业主移民的生存特征》，《旅游学刊》2015年第5期。
② 徐红罡、唐香姐：《流动性视角下打工旅游者行为特征研究——以大理古城为例》，《人文地理》2015年第4期。
③ 黎洁、李恒：《历史文化名城文化产业与旅游产业整合创新的目标模式研究——以云南大理为例》，《思想战线》2001年第1期。
④ 刘圣欢、杨砚池：《现代农业与旅游业协同发展机制研究——以大理市银桥镇为例》，《华中师范大学学报》（人文社会科学版）2015年第3期。
⑤ 余曙光、余小平：《新农村建设与西部民族地区人力资源开发——大理州农村劳动力流动和转移的调查与思考》，《西南民族大学学报》（人文社会科学版）2006年第12期。

究，认为西部多民族的区域特征，使其具备了发展特色经济所需的资源禀赋和条件，应当依据国家的产业政策，并通过发挥异质性的比较优势，逐步形成特色鲜明的经济格局。① 郭跃华、李榇和田育南以大理州宾川县为例对民族地区农村最低生活保障制度进行了研究，认为云南边疆民族地区的农村低保政策相较于我国其他地区不但存在制度安排缺失的问题，还有着自身的特点，存在对象界定不够规范、救助难度大、保障范围不大、管理有薄弱环节等问题，认为科学界定低保对象、扩大覆盖面、提高低保标准以及健全法制等十分必要。②

（二）保山经济

从现有文献来看，对保山经济的研究主要集中在产业与宏观经济发展、民族与边疆经济发展、农业经济与金融等三个方面。

产业与宏观经济发展。李一是对保山地区个体私营经济进行了考察研究，认为保山在近一段时期发展私营个体经济以来，取得了因地制宜、分类指导、加强领导、搞好服务、解放思想、转变观念等有益的经验。③ 王美艳和吴映梅对保山市经济结构调整和发展方式的转变问题进行了研究，认为保山市的经济结构调整和发展方式转变还没有取得根本性的突破，因此提出了应当优化区域功能、推动分类发展、扩大开放空间、加强区域合作、完善保障措施、创新发展平台等对策措施。④ 苏正平和刘小龙研究了保山市经济社会的发展环境及战略目标，认为保山市由于多种因素的制约在"十一五"期间发展速度处于云南省中游偏下的水平，因此认为"十二

---

① 杨莉：《论西部民族特色经济形成及对经济增长的作用——以大理白族自治州为例》，《云南民族大学学报》（哲学社会科学版）2009 年第 2 期。
② 郭跃华、李榇、田育南：《民族地区农村最低生活保障制度研究——以云南省大理白族自治州宾川县为例》，《云南行政学院学报》2012 年第 4 期。
③ 李一是：《保山地区个体私营经济考察》，《云南社会科学》2000 年第 1 期。
④ 王美艳、吴映梅：《推进保山市经济结构调整和发展方式的转变》，《中共云南省委党校学报》2010 年第 3 期。

五"期间保山应当以加速发展、生态立市、工业强市、开放活市作为战略目标。[①]

民族与边疆经济发展。余翠娥以云南省保山市勐廷村为例，研究了少数民族地区新农村建设中的资源整合问题，认为新农村建设的关键在于资源的整合，而少数民族地区更具有鲜明的异质性特征，认为资源整合的路径主要是充分挖掘社区内部资源、争取和吸引社区外部资源以及有效整合社区内外部资源三个方面。[②]黄征学通过对保山市的调研，提出了加快中心城市建设、加快基础设施建设、争取差异化的区域政策、推进集中发展、强化国际区域合作的加快云南边境地区经济发展的建议。[③]

农业经济与金融。熊清华以保山市为例研究了推进农业产业化经营问题，认为应当用新型工业化理念来引领，加快农业产业结构调整，推进产业化经营发展模式，实现农业产业化发展的乘法效应。[④] 中国人民银行保山市中心支行课题组以保山市为例对普惠金融视角下的农村资金互助社的发展问题进行了研究，认为应当基于信息优势、人缘关系，引导民间资本成立资金互助社，而监管部门应当加强指导培训，以期控制和防范风险。[⑤]汪楹以云南保山市为例对金融服务滇西边境山区高原特色农业产业发展问题进行了研究，认为保山作为集中连片特困区的一部分，发展高原特色农业对促进地方经济发展有重要的现实意义，而金融的

[①] 苏正平、刘小龙：《保山市经济社会发展环境与战略目标》，《中共云南省委党校学报》2010年第3期。
[②] 余翠娥：《少数民族地区新农村建设中的资源整合——来自云南省保山市勐廷村的个案分析》，《云南社会科学》2010年第4期。
[③] 黄征学：《加快云南边境地区经济发展的对策建议——来自保山市的调研》，《宏观经济管理》2013年第1期。
[④] 熊清华：《农业发展的乘法效应——云南省保山市推进农业产业化经营的实践与思考》，《思想战线》2005年第6期。
[⑤] 中国人民银行保山市中心支行课题组：《普惠金融视角下的农村资金互助社发展研究：现状、建议及路径——以保山市为例》，《西南金融》2012年第7期。

支持作用对于发展高原特色农业十分重要，因此应当从金融、政府层面入手，提升金融服务高原特色农业的能力。①

总之，大理保山城市经济一体化的文献十分鲜见，主要原因一方面可能是大理和保山经济无论与全国的发达地区比还是与省内的先进地区比依旧处于相对落后的状态，没有能成为学术界研究的重点和热点；另一方面是由大理和保山所处的相对落后的发展阶段所决定的。因此本研究只能分别从大理经济、保山经济的角度对现有的相关文献进行梳理和回顾。对大理经济的研究主要集中在劳动力转移与反贫困、旅游经济发展、旅游产业与多产业协同发展、农村与民族经济发展等四个方面，而对保山经济的研究则主要集中在产业与宏观经济发展、民族与边疆经济发展、农业经济与金融等三个方面。总的来说，对大理和保山经济的研究还处于较为初级的阶段，还谈不上系统化。

二 变量设计、指标选择与模型设定

本研究在考虑丽江大理异质性特征并参考前期相关研究（范爱军等[②]、杨先明和刘岩[③]等）的基础上，设计了以下的解释变量，并选择相对应的指标来解释城市经济一体化的水平和程度。

（1）名义 GDP。这一指标能较为客观地反映一个城市的发展水平及程度。一般而言，一城市名义 GDP 的值越大，则其吸引外部要素进入该城市的能力就越强，越能降低市场分割水平，增强一体化水平。反之，名义 GDP 的值越小，则其吸引外部要素进入该城市的能力就越弱，越会提高市场分割的程度，减弱一体化水平。

---

① 汪楹：《金融服务滇西边境山区高原特色农业产业发展问题研究——以云南省保山市为例》，《西南金融》2013 年第 9 期。
② 范爱军、李真、刘小勇：《国内市场分割及其影响因素的实证分析——以我国商品市场为例》，《南开经济研究》2007 年第 5 期。
③ 杨先明、刘岩：《中国国内市场分割动因研究》，《思想战线》2010 年第 2 期。

因此，本研究预计这个变量的系数为负。

（2）外商直接投资。改革开放以后，随着对外经济开放度的不断提升，我国的外商直接投资不断攀升，对我国市场结构的调整、经济的增长产生了广泛而积极的影响。一般情况下，外商直接投资的增加，会提升城市经济的对外开放程度，有利于打破阻碍城市经济一体化的机制体制性障碍，进而能提升城市经济一体化的程度与水平。因此，本研究预计这一变量的系数为负。

（3）贸易依存度。贸易依存度对城市经济一体化及城市经济合作的影响，学术界存在争议，并无定论，开放程度的差异会产生不同的作用（杨先明和刘岩，2010）。因此，该变量的系数不确定，还需进一步研究。

（4）交通运输条件。一般情况下，交通运输条件的提升，会导致要素流动成本下降，有利于要素的流动与集聚，进而能提升城市经济一体化的程度与水平。因此，本研究预计这一变量的系数为负。

（5）人口流动。为了较为清晰地测量短时间内人口要素流动的变化及其影响，本研究采用客流强度指数来考察城市之间动态人口流动的强度及变化。指标值越大，自然短时间内人口要素流动的流量就越大，越能促进城市经济的一体化，推进城市经济合作。因此，本研究预计这一变量的系数为负。

（6）货物资本的流动。本研究采用货物流强度指数来考察城市之间动态实物资本流动的强度及变化，这一指标值越大，则动态实物资本流动的强度也就越大，城市经济一体化的水平也会越高。因此，本研究预计这个变量的系数为负。

基于以上的认识，本研究建立动态面板数据回归方程如下：

$$I_{i,t} = \beta_0 + \beta_1 I_{i,t-1} + \beta_2 GDP_{i,t} + \beta_3 FDI_{i,t} + \beta_4 Trade_{i,t} + \beta_5 Trans_{i,t} + \beta_6 P_{i,t} + \beta_7 K_{i,t} + \varepsilon_{i,t} \qquad (9-1)$$

方程中，i 为各城市的序号，$i = 1, 2, \cdots, N$；t 为时期序号，

$t=1, 2, \cdots, T$；$I_{i,t}$ 表示 i 城市第 t 年度的城市经济一体化指数；$I_{i,t-1}$ 表示 i 城市第 t 年度的上一期的城市经济一体化指数；$GDP_{i,t}$ 表示 i 城市第 t 年度的 GDP；$FDI_{i,t}$ 表示 i 城市第 t 年度的外商直接投资额；$Trade_{i,t}$ 表示 i 城市第 t 年度的贸易依存度；$Trans_{i,t}$ 表示 i 城市第 t 年度的交通运输条件；$P_{i,t}$ 表示 i 城市第 t 年度的人口要素流动强度指数；$K_{i,t}$ 表示 i 城市第 t 年度的实物资本流动强度指数；β_0 为截距项，β_1、β_2、β_3、β_4、β_5、β_6 和 β_7 为待估计参数；$\varepsilon_{i,t}$ 为随机扰动项。

三 基于大理保山的实证分析

（一）大理保山城市经济一体化水平测度

本研究数据来源于 2003~2013 年大理州统计局和保山市统计局所发布的《统计年鉴》中公布的相关数据。根据式（9-1），计算出 2004~2013 年大理与保山的相对价格指数，其值即是大理保山的城市经济一体化指数，这样可以得到大理保山 10 年即 2004~2013 年的城市经济一体化程度变化的情况。具体测算结果如表 9-1 所示。

表 9-1　大理保山城市经济一体化指数表

	2004 年	2005 年	2006 年	2007 年	2008 年
城市经济一体化指数	0.0096	0.0199	0.0029	0.0094	0.0124
	2009 年	2010 年	2011 年	2012 年	2013 年
城市经济一体化指数	0.0128	0.0000	0.0048	0.0078	0.0010

从表 9-1 来看，大理保山城市经济一体化指数在所观测的 10 年中第二年即 2005 年的值最大为 0.0199，这说明 2005 年大理保山城市经济一体化程度是最低的。然后，2006 年指数数值急速下降达到了 0.0029，2007 年又开始回升，直至 2009 年达到了 0.0128。

2010年一体化指数数值又急速下降达到了0.0000,为10年观察期的最低值;2011年又开始回升,到2012年达到了0.0078,2013年又开始下降,为0.0010。因此,大理保山城市经济一体化程度在波动中逐步提高,城市经济正逐步趋于整合。

(二) 计量模型、数据及描述性统计

为进一步研究各要素对大理保山城市经济一体化趋势的影响,本研究构建动态面板数据回归方程如下:

$$I_{i,t} = \beta_0 + \beta_1 I_{i,t-1} + \beta_2 GDP_{i,t} + \beta_3 FDI_{i,t} + \beta_4 Trade_{i,t} + \beta_5 Trans_{i,t} + \beta_6 P_{i,t} + \beta_7 K_{i,t} + \varepsilon_{i,t} \qquad (9-2)$$

其中,i为城市的排列序号,大理为1,保山为2;t为时期序号,$t=1, 2, \cdots, 10$,样本从2004年到2013年,共10年;$I_{i,t}$表示i城市第t年度的城市经济一体化指数;$I_{i,t-1}$表示i城市第t年度上一期的城市经济一体化指数;$GDP_{i,t}$表示i城市第t年度的GDP;$FDI_{i,t}$表示i城市第t年度的外商直接投资额;$Trade_{i,t}$表示i城市第t年度的贸易依存度;$Trans_{i,t}$表示i城市第t年度的交通运输条件;$P_{i,t}$表示i城市第t年度的人口要素流动强度指数;$K_{i,t}$表示i城市第t年度的实物资本流动强度指数;β_0为截距项,β_1、β_2、β_3、β_4、β_5、β_6和β_7为待估计参数;$\varepsilon_{i,t}$为随机扰动项。

根据大理保山2004~2013年两地统计局发布的数据所构建的面板数据是本研究的数据基础。城市经济一体化指数的测度结果如表9-1所示。表9-2则给出了各变量的描述性统计结果。

表9-2 描述性统计

全样本				
变量	均值	极大值	极小值	标准差
I	0.0080	0.0199	0.0000	0.00596
GDP	331.8608	760.77	98.1	182.64113

续表

全样本

变量	均值	极大值	极小值	标准差
FDI	2679	10600	45	2794.690266
$Trade$	0.0359	0.0742	0.0137	0.020434
$Trans$	8833.05	13270	6019	2037.848207
P	415284.071	814790	82010	303467.8139
K	427132.8775	685412	125241	185246.0051

(三) 计量结果分析

显然，本研究要估计的是一个动态面板数据模型，但这类模型有可能存在解释变量与随机扰动项相关以及横截面相依性的问题。因此如果沿用传统的方法进行估计，就有可能存在参数估计的有偏性和非一致性。为了很好地解决这些问题，Arellano 和 Bond[①]、Blundell 和 Bond[②] 提出了 GMM 估计方法。

表 9-3 给出了使用一步差分 GMM 估计方法对模型 (9-2) 进行估计的结果。AR (1) 和 AR (2) 检验表明一步差分以后的随机误差项不存在二阶序列相关，Sargan 检验表明工具变量是外生的，模型估计结果是有效的。估计结果表明，在 2004~2013 年这 10 年的观测期内，城市经济一体化指数滞后项的参数估计结果通过了显著性水平为 0.01 的显著性检验，GDP 的参数估计的结果通过了显著性水平为 0.1 的显著性检验。在观察期内，外商直接投资的参数估计结果通过了显著性水平为 0.05 的显著性检验，贸易依存度的参数估计结果通过了显著性水平为 0.01 的显著性检验，交通运输条件的参数估计结果通过了显著性水平为 0.1

---

① Arellano, Bond. Some Tests of Specification for Panel Data: Monte Carlo Evidence and an Application to Employment Equations. *Review of Economic Studies*, 1991, (2).

② Blundell, Bond. Initial Conditions and Moment Restrictions in Dynamic Panel Data Models. *Journal of Econometrics*, 1998, (87).

的显著性检验。另外，人口要素流动强度指数以及实物资本流动强度指数的参数估计结果没有能通过显著性水平为 0.01、0.05 和 0.1 的显著性检验。

表 9-3　采用一步差分 GMM 方法对模型（9-2）进行估计的基本回归结果

变量	城市经济一体化指数 模型（9-2）
I_{t-1}	-0.6130466 *** (0.1731686)
GDP	-43.25506 * (22.42538)
FDI	-2936.858 ** (1420.898)
Trade	-238654.7 *** (86689.37)
Trans	2.708343 * (1.505096)
P	0.0288112 (0.0312181)
K	-0.0323912 (0.0308056)
AR（1）	0.129
AR（2）	0.210
Sargan	0.104

注：***、**、* 分别表示 0.01、0.05 和 0.1 的显著性水平，AR（1）、AR（2）和 Sargan 分别表示 AR（1）检验 P 值、AR（2）检验 P 值和 Sargan 检验 P 值。

平稳性是动态面板数据模型应当具有的性质，不然会产生虚假回归的问题，但是只要能确保残差为平稳序列，则动态面板数据是平稳的。基于以上认识，本研究为了估计结果具备有效性，对估计得到的残差进行了平稳性检验，结果表明本研究动态面板数据模型的数据具备平稳性,这表明本研究的结果具备较好的稳健性。

通过对上述模型的估计,本研究得出如下结论。

(1) 在考察期内,城市经济一体化指数滞后项的参数估计结果通过了显著性水平为 0.01 的显著性检验并且为负,这表明大理和保山上一期的城市经济一体化水平对下一期的城市经济一体化水平有着延续性的影响,存在惯性和某种路径依赖。

(2) 在考察期内,GDP 的参数估计结果通过了显著性水平为 0.1 的显著性检验并且为负,这表明大理和保山 GDP 的增加有利于大理保山城市一体化水平的提升。

(3) 在考察期内,外商直接投资的参数估计结果通过了显著性水平为 0.05 的显著性检验并且为负,这表明大理及保山市外商直接投资的增加将有助于大理保山城市一体化水平的提升。外商直接投资的增加,会提升城市经济的对外开放程度,有利于打破阻碍城市经济一体化的机制体制性障碍,进而能提升城市经济一体化的程度与水平。

(4) 在考察期内,贸易依存度的参数估计结果通过了显著性水平为 0.01 的显著性检验并且为负,这表明大理和保山贸易依存度的提升有利于大理保山城市一体化水平的提升。

(5) 在考察期内,交通运输条件的参数估计结果通过了显著性水平为 0.1 的显著性检验,并且显著为正,这表明大理和保山交通运输条件的改善和提升将不利于大理保山城市一体化水平的提升。这样的结果与先前本研究的认识并不一致,产生这样结果很大程度上可能是大理保山的某些特殊性和异质性以及数据的某些局限性,还有模型的其他因素造成的,这也是需要再进一步深入研究的问题。

(6) 在考察期内,人口要素流动强度指数以及实物资本流动强度指数的参数估计结果无一通过显著性水平为 0.01、0.05 和 0.1 的显著性检验,这表明人口要素流动强度指数以及实物资本流动强度指数并不是推进大理保山城市经济一体化的主要原因。

四 推进大理保山城市经济一体化的政策安排

(一) 大理保山政府应当共同出台推进城市经济一体化的规划

由于大理保山的城市经济一体化水平对下一期的城市经济一体化水平有着延续性的影响,存在惯性,具有路径依赖的特性,因此大理保山城市经济一体化是一个长期的过程,需要长久的努力和积累,并不是一个一蹴而就的过程。基于这样的认识,大理和保山的城市经济合作应当着眼于长远,不可受短期内一些不利因素的干扰,因此大理保山政府共同出台推进城市经济一体化规划将变得尤为重要,但更为重要和关键的是有了规划以后的抓落实。

(二) 建构大理保山城市经济一体化的合作机制

应当探索构建大理保山城市经济一体化的合作与协调机制。共同出台规划之后,在抓落实的进程中,构建城市经济一体化的合作与协调机制会变得很重要,因为尽管规划会制定得尽可能全面,但事物总是不断发展变化的,难免会有新问题、新情况出现,所以需要通过这样一个合作与协调机制研究新问题、新情况,不断协调两城市的合作进程,更好地推进城市经济一体化。

(三) 不断提升大理保山的经济密度

根据本研究的发现,大理和保山 GDP 的增加有利于大理保山城市一体化水平的提升,这一发现表明经济密度的提高会增强空间经济联系的强度,进而推进区域经济一体化的进程。因此,应当通过产业转移合作,增加相互的直接投资与合作,发挥各自的优势,实现经济的进一步集聚,实现企业的跨区域发展和企业内的地域分工，同时应当依靠技术合作和通过教育、健康医疗等方面的合作实现社会服务水平的不断提高和技术的改进，并通过创新合作来实现两地经济长期稳定的增长，进而不断提高经济密度。

（四）不断改进投资环境，提升大理保山实际利用外资的水平

根据本研究的发现，大理和保山市外商直接投资的增加将有助于大理保山城市一体化水平的提升，这一发现表明外商直接投资的增加，会提升城市经济的对外开放程度，有利于打破阻碍城市经济一体化的机制体制性障碍，进而能提升城市经济一体化的程度与水平。因此，大理和保山两地应当不断改善投资环境，提升政府的服务能力和服务水平，不断提升实际利用外资的水平，进而不断提升城市经济的对外开放程度和水平，提升城市经济一体化的水平。

（五）加强口岸建设和通关便利化

根据本研究的发现，大理和保山贸易依存度的提升有利于大理保山城市一体化水平的提升。因此，应该积极利用大理特别是保山作为边疆城市的比较优势，设立专项资金，用来推进边境口岸的基础设施建设，改善边境口岸的交通、通信、物流配套设施以及通关设施，为要素跨境流动与集聚创造条件。通过与毗邻国家的沟通与协调，加快推进通关便利化，降低贸易和交易成本，并通过以上政策措施，来改进和提升对外贸易的条件，进而提升大理保山的贸易依存度和对外开放程度，最终不断提升大理保山的城市一体化水平。

五 本章小结及政策含义

本章基于2004~2013年大理保山两地的面板数据，建立了动态面板数据模型，从要素流动、空间集聚的角度实证研究了大理保山

第九章　空间集聚视角下的滇西城市经济一体化：大理保山案例

城市经济一体化的问题。依据上述分析，可以得出以下研究结论：一是，大理保山城市经济一体化的文献十分鲜见，其主要原因一方面可能是大理和保山经济无论与全国的发达地区比还是与省内的先进地区比依旧处于相对落后的状态，没有能成为学术界研究的重点和热点；另一方面是由大理和保山所处的相对落后的发展阶段所决定的。因此本章只能分别从大理经济、保山经济的角度对现有的相关文献进行梳理和回顾。对大理经济的研究主要集中在劳动力转移与反贫困、旅游经济发展、旅游产业与多产业协同发展、农村与民族经济发展等四个方面，而对保山经济的研究则主要集中在产业与宏观经济发展、民族与边疆经济发展、农业经济与金融等三个方面。总的来说，对大理和保山经济的研究还处于较为初级的阶段，还谈不上系统化。二是，大理和保山上一期的城市经济一体化水平对下一期的城市经济一体化水平有着延续性的影响，存在惯性和某种路径依赖。三是，大理和保山 GDP 的增加有利于大理保山城市一体化水平的提升。四是，大理及保山市外商直接投资的增加将有助于大理保山城市经济一体化水平的提升。外商直接投资的增加，会提升城市经济的对外开放的程度，有利于打破阻碍城市经济一体化的机制体制性障碍，进而能提升城市经济一体化的程度与水平。五是，大理和保山贸易依存度的提升有利于大理保山城市经济一体化水平的提升。六是，大理和保山交通运输条件的改善和提升不利于大理保山城市经济一体化水平的提升。这样的结果与先前本研究的认识并不一致，产生这样结果很大程度上可能是大理保山的某些特殊性和异质性以及数据的某些局限性，还有模型的其他因素造成的，这也是需要再进一步深入研究的问题。七是，人口要素流动强度指数以及实物资本流动强度指数并不是推进大理保山城市经济一体化的主要原因。

本章的研究结论有着重要的政策含义，也指出了推进大理保山城市经济一体化的重点：一是，由于大理保山城市经济一体化水平对下一期的城市经济一体化水平有着延续性的影响，存在惯性，具有路径依赖的特性，因而大理保山城市经济一体化是一个长期的过程，需要长久的努力和积累，并不是一个一蹴而就的过程。因此，大理保山政府共同出台推进城市经济一体化的规划将变得尤为重要，但更为重要和关键的是有了规划后要抓落实。二是，应当探索构建大理保山城市经济一体化的合作与协调机制。共同出台规划之后，在抓落实的进程中，构建城市经济一体化的合作与协调机制会变得很重要，因为尽管规划会制定得尽可能全面，但事物总在不断发展变化，难免会有新问题、新情况出现，所以需要通过这样一个合作与协调机制研究新问题、新情况，不断协调两城市的合作进程，进而更好地推进城市经济一体化。三是，根据本章的发现，大理和保山GDP的增加有利于大理保山城市一体化水平的提升。因此，两地应当通过产业转移合作，增加相互的直接投资与合作，发挥各自优势，实现经济的进一步集聚以及企业跨区域发展和企业内的地域分工，同时还应当依靠技术合作和通过教育、健康医疗等方面的合作实现社会服务水平的不断提高和技术的改进，并通过创新合作来实现两地经济长期稳定的增长，进而不断提高经济密度。四是，根据本章的发现，大理和保山市外商直接投资的增加将有助于大理保山城市一体化水平的提升。因此，大理和保山市两地应当不断改善投资环境，提升政府的服务能力和服务水平，不断提升实际利用外资的水平，进而不断提升城市经济的对外开放程度和水平，提升城市经济一体化的水平。五是，根据本章的发现，大理和保山贸易依存度的提升有利于大理保山城市一体化水平的提升。因此，应该积极利用大理特别是保山作为边疆城市的比较优势，设立专项资金，用来推进边境口岸的基础设施建设，改善边境口岸的交通、通信、物流配套设施以及通关设施，为要素跨境流动与集聚创造条件。通过与毗邻国家的沟通与协调，加快推进通关便利化，降低贸易和交易成本，提升大理保山的贸易依存度以及对外开放程度，最终不断提升大理保山的城市一体化水平。

第十章　空间集聚视角下的滇西与域外地区的区域经济一体化：丽江攀枝花案例

改革开放以来，我国经济取得了巨大的成就，但东西差距依旧显著，尽管实施了西部大开发战略，但差距扩大的态势并未得到抑制。[1] 我国经济的三大增长极都位于东部沿海，呈纵向分布，联系较为紧密，在横向层面上，则缺乏横穿东中西部的经济增长极。因此，进一步推进长江流域经济一体化的进程，对于我国缩小东西部差距，促进区域经济的协调发展以及保证生态安全乃至实现全国经济发展战略都具有十分重要的意义。然而，长江流域经济的一体化是不可能一蹴而就的，所以可以将一体化的进程分为两个主要的阶段：第一阶段是全流域形成以中心城市为核心的若干个次区域，并不断推进次区域自身的整合，最终实现次区域的经济一体化；第二阶段是在实现各次区域经济一体化的基础上，推进全流域的整合，最终实现长江流域经济的一体化。[2] 从当前的实践来看，长江流域已逐步形成以上海、武汉、重庆为核心的下游、中游、上游三个主要的次区域，各个次区域也正在加快推进各次区域一体化的进程。丽江和攀枝花都处在以重庆为核心的长江上游次区域内，一个是边疆民族地区，一个是汉族地区，按照大处着眼、小处着手的思路，积极推进丽江攀枝花区域经济合作，不断推进区域经济一体化的进程，对于推进长江上游次区域经

---

[1] 杨先明、梁双陆：《东西部能力结构差异与西部的能力建设》，《云南大学学报》（社会科学版）2007年第2期。

[2] 和燕杰：《长江流域经济一体化：文献综述及其引申》，《改革》2012年第4期。

济的整合进而实现一体化、促进各民族的融合发展、维护我国边疆的稳定有着重要的意义。本研究作为理论探讨，对于充分发挥丽江和攀枝花的各自优势，达到合作双赢、共同发展的目标，有着极为重要的现实意义，同时也能为我国区域之间的产业合作、市场一体化与经济发展的收敛提供理论探讨，具有重要的理论价值。

一　文献回顾

目前，对丽江攀枝花区域经济一体化的研究文献还比较少，比较典型的有：陆恩达认为丽江攀枝花同属金沙江流域区或大攀西经济区，应当通过组建金沙江开发银行推进金沙江流域经济的开发。[1] 和燕杰从两地的区域特征、发展现状、经济关系等角度分析了丽江攀枝花经济一体化的背景，认为丽江攀枝花两地之间存在的能源、劳动力和旅游等方面的紧密联系，以及两地所拥有的丰富的资源、独特的自身优势，还有丽江在旅游业方面和攀枝花在工业方面的突出优势，为两地充分发挥各自优势、实现互利双赢的合作并最终实现区域经济的一体化提供了坚实的基础。[2] 和燕杰从劳动力要素、资本要素的角度对丽江攀枝花经济一体化的生产要素因素进行了分析，认为从全国来看，丽江攀枝花两地都还处在较低的水平，攀枝花对劳动力的吸纳能力要强于丽江，其劳动力素质要高于丽江，而丽江第一产业比重要远高于攀枝花，几乎是后者的两倍。丽江攀枝花两地三次产业比重相当，而攀枝花的资本生成积累水平和对资本的调动能力要高得多，具有比较优势。这说明攀枝花的发展程度和水平远高于丽江。[3] 袁花、和燕杰从能力结构的视角出发，对丽江

---

[1] 陆恩达：《组建金沙江开发银行推进金沙江流域经济开发》，《云南财贸学院学报》1989年第3期。
[2] 和燕杰：《丽江攀枝花经济一体化的背景分析》，《旅游纵览》2012年第8期。
[3] 和燕杰：《丽江—攀枝花经济一体化的生产要素因素分析》，《中国市场》2014年第8期。

攀枝花区域经济合作进行了实证研究，认为我国现有区域经济合作的效率高低不一，成效千差万别，根本原因在于合作效率与地区间的能力结构密切相关，能力差距小的合作效果就好，能力差距大的合作效果就差，因此要通过能力建设来缩小丽江攀枝花的能力差距，并促进能力结构的匹配，最终不断提升丽江攀枝花区域经济合作的绩效。① 和燕杰、袁花对丽江攀枝花的市场分割与区域经济合作进行了实证分析，研究发现丽江与攀枝花区域市场的分割程度在调整中趋于降低，对市场分割的影响显著为正的是上一期市场分割指数和地方政府财政支出占当年 GDP 的比重，而交通运输条件对市场分割的影响则显著为负，而其他估计结果未能通过显著性检验，认为丽江攀枝花区域经济合作的重点在于一要做好顶层设计；二要着力改善两地的交通运输条件；三要探索打造区域利益共同体，探索税制改革并积极推进简政放权。② 从现有文献看，对丽江攀枝花区域经济一体化的研究，无论从研究的深度还是从水平而言，都处于较低的探索阶段。

二 模型构建与指标选择

本研究将通过对地区间人口、货物资本动态流动状态和空间经济联系强度的考察，以对其相互关系的测度来实证研究区域要素空间集聚与扩散的特征。

人口流动的测度：本研究将采用客流强度指数，来考察地区之间动态人口流动的强度和变化，以使我们能清晰地看到更短时间内人口要素流动的变化及影响。

货物资本流动的测度：本研究将用货物流强度指数来考察地区

---

① 袁花、和燕杰：《区域经济合作与发展：基于丽江—攀枝花的实证研究》，《昆明冶金高等专科学校学报》2014 年第 6 期。
② 和燕杰、袁花：《市场分割与区域经济合作：基于丽江、攀枝花的实证研究》，《昆明冶金高等专科学校学报》2015 年第 4 期。

之间动态实物资本流动的强度和变化。

空间经济联系强度的测度：采用比较常用的引力模型来测算两地间经济联系强度指数，考察两地间空间经济联系强度的变化特征。我们将依据城市引力模型，来测度两地的空间经济联系强度。空间经济联系强度指数（F）可以定义为：[①]

$$F = \frac{G_j \sqrt{P_i Y_i} \sqrt{P_j Y_j}}{d_{ij}^2} \quad (10-1)$$

$$G_j = \frac{1}{3} * \left(\frac{P'_j}{P_j} + \frac{Y'_j}{Y_j} + \frac{T'_j}{T} \right) \quad (10-2)$$

其中，P_i 和 Y_i、P_j 和 Y_j 分别是某一年 i 地和 j 地的人口和 GDP，d_{ij} 则是两地的直线距离，G_j 为引力系数，P'_j 和 Y'_j 分别为 j 地的非农人口和非农产值，T'_j 为联系 j 地和 i 地的各项交通方式（我们对各种交通方式赋值，铁路 2.0，公路 1.5，航运 1.0）的取值之和，T 为全部交通方式的总分值。

基于以上的认识，具体设定回归方程如下：

$$\ln(F_{it}) = \beta_0 + \beta_1 \ln(P_{it}) + \beta_2 \ln(K_{it}) + \beta_3 \ln(Y_{it}) + \varepsilon_{it} \quad (10-3)$$

其中，i 为各地区的排列序号，$i=1, 2, \cdots, N$；t 为时期序号，$t=1, 2, \cdots, T$；F_{it} 表示任意两个地区第 t 年度的空间经济联系强度；P_{it} 表示 i 地区第 t 年度的人口要素流动强度指数；K_{it} 表示 i 地区第 t 年度的实物资本流动强度指数；Y_{it} 表示 i 地区第 t 年度的名义 GDP，β_0 为截距项，β_1、β_2 和 β_3 为待估计参数；ε_{it} 为随机扰动项。

本研究将试图利用地区之间的"关系数据"，来揭示和刻画地区之间要素流动、空间集聚与区域经济一体化的进程、内在关系和特质以及变化趋势。由于反映地区间关系数据的缺乏以及数据获得

---

① 王红霞：《要素流动、空间集聚与城市互动发展的定量研究——以长三角地区为例》，《上海经济研究》2011 年第 12 期。

方面的局限性，本研究只能是一个有益的尝试。

三 要素流动、空间集聚与区域经济一体化：基于丽江、攀枝花的实证分析

（一）空间经济联系强度的测度

设丽江为地区1，攀枝花为地区2，丽江市华坪县为地区3，利用2001~2012年三地区统计局所发布的数据和百度地图计算两地直线距离数据，并根据式（10-1）和式（10-2）来计算2001~2012年攀枝花市与丽江市以及2005~2012年攀枝花市与丽江市华坪县之间的经济联系强度指数。具体测算结果如表10-1、表10-2所示。

表10-1 丽江市与攀枝花市空间经济联系强度指数

年份	2001	2002	2003	2004	2005	2006
空间经济联系强度指数（F_{12}）	0.186404	0.207571	0.244928	0.303941	0.366259	0.433453
年份	2007	2008	2009	2010	2011	2012
空间经济联系强度指数（F_{12}）	0.52661	0.658264	0.707136	0.871062	1.091253	1.280579

表10-2 攀枝花市与丽江市华坪县空间经济联系强度指数

年份	2005	2006	2007	2008	2009
空间经济联系强度指数（F_{23}）	0.650603	0.766008	0.938432	1.15495	1.250675
年份	2010	2011	2012		
空间经济联系强度指数（F_{23}）	1.544727	1.953716	2.225668		

从表10-1来看，攀枝花市与丽江市的经济联系强度指数很长时间一直在1以内，直到2011年才突破了1达到1.091253，2012

年达到了1.2806,这表明攀枝花市与丽江市之间的空间经济联系强度非常弱。以我国一体化程度最高的长三角地区的上海与常州的空间经济联系强度来看,上海和常州的直线距离约为155公里,与丽江到攀枝花的150公里相当,但2008年其空间经济联系强度值达到了199.3,[①] 是攀枝花和丽江的302倍。从表10-2来看,攀枝花市与丽江市华坪县之间的空间经济联系强度指数2005年为0.6506,而同期丽江和攀枝花为0.3663,为后者的1.78倍,此后一直到2012年都保持在了1.75倍左右,且比丽江和攀枝花提前四年,于2008年突破了1,这表明攀枝花市与丽江市华坪县之间的空间经济联系强度要显著强于丽江和攀枝花的空间经济联系强度。因此,(1) 攀枝花与丽江华坪的空间经济联系强度要远高于攀枝花与丽江;(2) 无论是攀枝花与丽江华坪还是攀枝花与丽江之间的空间经济联系强度都呈递增趋势;(3) 两组F值会产生如此大的差异,主要原因是丽江华坪县离攀枝花市要比丽江离攀枝花近得多,也说明攀枝花的经济辐射已经能完全覆盖华坪地区。

(二) 计量模型、数据及描述性统计

根据回归方程 (10-3),我们把回归方程设定为:

$$\ln(F_{12t}) = \beta_0 + \beta_1 \ln(P_{12t}) + \beta_2 \ln(K_{12t}) + \beta_3 \ln(Y_{12t}) + \varepsilon_{12t} \quad (10\text{-}4)$$

其中,t 为时期序号,$t=1, 2, \cdots, T$;F_{12t} 表示丽江攀枝花地区第 t 年度的空间经济联系强度指数;P_{12t} 表示丽江攀枝花地区第 t 年度的人口要素流动强度指数;K_{12t} 表示丽江攀枝花地区第 t 年度的实物资本流动强度指数;Y_{12t} 表示丽江攀枝花地区第 t 年度的名义GDP,β_0 为截距项,β_1、β_2 和 β_3 为待估计参数;ε_{it} 为随机扰动项。

[①] 根据上海市及常州市2008年国民经济和社会发展公报计算。

第十章 空间集聚视角下的滇西与域外地区的区域经济一体化：丽江攀枝花案例

表 10-3 各变量数据

变量	F_{12}	P_1	P_2	K_1	K_2	Y_1	Y_2
2001 年	0.186404	53282	50765	72542	60014	34.21	124.08
2002 年	0.207571	57381	52822	99301	57873	37.4	138.09
2003 年	0.244928	58833	53117	100340	55030	42.9	163.82
2004 年	0.303941	63611.5	56325.4	112382.5	57394.9	52.64	200.83
2005 年	0.366259	68390	64037.9	124425	83419.9	60.33	248.01
2006 年	0.433453	69115	69703.2	119043	91761.9	70.18	290.07
2007 年	0.52661	81655	74917.6	121166	106626	84.82	345.59
2008 年	0.658264	76784.1	80860.9	125860.7	121673.1	104.45	427.61
2009 年	0.707136	99849.75	77346.78	111000.6	370374.3	120.67	424.08
2010 年	0.871062	114257	95938	127486	438760	143.59	523.99
2011 年	1.091253	131270	107461.7	146711	495331.8	178.5	645.66
2012 年	1.280579	154110	135267	173258	568533	212.24	740.03

表 10-4 描述性统计

	全样本						
变量	均值	中位数	极大值	极小值	标准差	偏度	峰度
空间经济联系强度	0.573122	0.480031	1.280579	0.186404	0.350248	0.722413	2.352199
人口要素流动强度	81129.2	72310.4	154110	50765	28892.49	1.082471	3.192371
实物资本流动强度	164179.5	115712.8	568533	55030	145107.4	1.801528	4.808059
名义 GDP	225.5746	153.705	740.03	34.21	197.0677	1.238778	3.593298

本研究的数据是基于样本为丽江和攀枝花两地 2001~2012 年两地统计局所发布的数据建立起来的面板数据。人口要素流动强度指数的测度：旅客周转量是反映一个地区客流强度变化的重要指标，一定程度上也体现了区域间人口流动强度的变化。考虑到丽江和攀枝花不通铁路，也不具备水路运输的条件，本研究主要通过公路旅客周转量来考察丽江攀枝花地区动态人口流动强度的变化。实物资

本流动强度指数的测度：通过公路货物周转量指标来考察丽江攀枝花地区实物资本流动强度的变化。空间经济联系强度指数的测度即为表 10-1 和表 10-2 的测算结果。表 10-3 给出了各个变量的数据，表 10-4 则给出了各变量的描述性统计结果。

（三）计量结果分析

按照面板数据模型估计的一般程序，我们先对回归方程做了豪斯曼检验，结果表明我们应当对回归方程使用固定效应模型进行估计，回归结果如表 10-5 所示。估计结果表明，在 2001~2012 年，人口要素流动强度每增加 1%，空间经济联系强度下降 0.098%，但并不能通过显著性水平为 0.01、0.05 和 0.1 的显著性检验。一般而言，两地的人口要素流动强度的增强会增加两地之间的空间经济联系强度，从变量数据来看，两个变量之间呈正相关关系，但从回归结果来看却呈负相关关系，这可能是丽江和攀枝花两地的某种特殊性和关系数据所具有的某些局限性以及模型中其他影响因素所造成的；实物资本流动强度每增加 1 个百分点，空间经济联系强度上升 0.048 个百分点，且通过了显著性水平为 0.01 的显著性检验；GDP 每增加 1 个百分点，空间经济联系强度上升 1.076 个百分点，也通过了显著性水平为 0.01 的显著性检验。实物资本流动强度的增强特别是 GDP 的增加会带来空间经济联系强度的增强，而且 GDP 的增加所带来的空间经济联系强度的增加程度要显著大于实物资本流动强度所带来的空间经济联系强度的增加程度。

表 10-5　基本回归结果

	固定效应	随机效应
$\ln P$	-0.098 (0.073)	1.507 *** (0.132)
$\ln K$	0.048 *** (0.013)	0.111 (0.069)

续表

	固定效应	随机效应
lnY	1.076***	0.135***
	(0.041)	(0.042)
_cons	-5.644***	-19.672***
	(0.639)	(1.137)
Hausman 检验	\multicolumn{2}{c}{0.000}

注：***、**、*分别表示0.01、0.05和0.1的显著性水平。

通过上述分析，我们得出如下结论。

（1）2001~2012年，丽江和攀枝花之间的空间经济联系强度总体上呈增强趋势，而丽江市华坪县与攀枝花的空间经济联系强度要显著地强于丽江与攀枝花之间的空间经济联系强度；攀枝花市与丽江市华坪县之间的空间经济联系强度指数比丽江和攀枝花的相应指数提前四年突破了1，这表明攀枝花与丽江市华坪县之间区域经济一体化的发展速度要快于丽江和攀枝花的发展速度。

（2）人口要素流动强度与空间经济联系强度呈负相关关系，但这一结果并不能通过显著性水平为0.01、0.05和0.1的显著性检验。

（3）实物资本流动强度与空间经济联系强度呈正相关关系，实物资本流动强度每增加1个百分点，空间经济联系强度上升0.048个百分点，其结果通过了显著性水平为0.01的显著性检验。

（6）GDP与空间经济联系强度呈正相关关系，GDP每增加1个百分点，空间经济联系强度上升1.076个百分点，其结果也通过了显著性水平为0.01的显著性检验。

（7）无论丽江与攀枝花还是丽江华坪与攀枝花的区域经济一体化发展程度都要极大地低于长江下游特别是长江三角洲地区，这表明丽江攀枝花区域经济一体化还处在较为初级的发展阶段，实现两地区域经济的一体化还有相当长的路要走。

（8）交通条件的改善会使丽江与攀枝花的经济联系显著增强，而对于丽江华坪与攀枝花而言，其效果将更显著。

四 基于要素流动、空间集聚视角推进丽江与攀枝花区域经济一体化的对策研究

(一) 丽江攀枝花区域经济一体化的发展战略

根据本研究的发现,丽江市华坪县与攀枝花的空间经济联系强度要极大地强于丽江与攀枝花之间的空间经济联系强度,并且其一体化的发展速度要快于丽江和攀枝花一体化的发展速度,因此在丽江攀枝花经济一体化的进程中,实施华坪先走一步的战略是可行的,即将丽江攀枝花经济一体化的进程分为两个主要阶段:第一阶段是华坪和攀枝花的经济一体化阶段;第二阶段是整个丽江市与攀枝花的经济一体化阶段。丽江和攀枝花发展差距较大,前者为边疆民族地区,后者为内地汉族地区,但都是以重庆为核心的长江上游次区域的一部分,因此积极推进丽江攀枝花区域经济合作,实现丽江攀枝花经济的一体化对于实现长江上游次区域经济一体化,进而实现长江流域经济的一体化,缩小我国东西部差距,促进区域经济的协调发展以及保证生态安全,促进各民族的融合发展乃至全国经济发展战略的实现都有着较为典型的意义。

(二) 推进丽江与攀枝花经济合作的政策安排

世界上某些地区有良好的发展势头是因为这些地区遵循经济地理的三大特性即提高了经济密度、缩短了经济距离以及减少了经济分割,从而促进了地理变迁。[1] 因此,本研究提出如下建议。

第一,根据本研究的发现,交通条件的改善特别是高速公路、铁路的建设将使丽江与攀枝花的经济联系显著增强,并进一步降低交通运输成本,促进劳动力的流动,使两地的经济距离大为缩短。

---

[1] 世界银行:《2009年世界发展报告:重塑世界经济地理》,清华大学出版社,2009。

而交通条件的进一步改善,将使丽江、攀枝花两地与长江上游次区域核心——重庆——的经济距离也得到进一步的缩短,自然随着更为先进的交通模式的应用,这一经济距离将得到更进一步的缩短。所以应当将改善两地的交通条件作为推进和深化丽江攀枝花区域经济合作最初阶段最为重要的任务,并依靠相应的政策供给来加以实现。

第二,根据本研究的发现,GDP 与空间经济联系强度呈正相关关系,这一发现表明经济密度的提高会增强空间经济联系的强度,进而推进区域经济一体化的进程,因此应当通过产业转移合作,增加相互的直接投资与合作,发挥各自优势,实现经济的进一步集聚以及企业的跨区域发展和企业内地域分工,同时还应当依靠技术合作和通过教育、健康医疗等方面的合作来实现社会服务水平的不断提高和技术的改进,并通过创新合作来实现两地经济长期稳定的增长,进而不断提高经济密度。

第三,两地甚至是整个长江上游次区域的经济分割相较于印度来说并不严重(语言和其他隔阂并不多,而印度则因为存在语言和阶级差异而分割严重),其分割更多地体现在阻碍要素自由流动的体制性壁垒和障碍方面,因此应当通过构建互利双赢的合作机制,在跨区基础设施建设,建立质量更高的教育、健康医疗服务体系,以及在劳动等要素自由流动的政策协调等领域展开积极的合作。

五 本章小结

通过上述分析,本章可总结如下。

第一,丽江和攀枝花发展差距较大,前者为边疆少数民族地区,后者为内地汉族地区,也都是以重庆为核心的长江上游次区域的一部分,因此积极推进丽江攀枝花经济的进一步整合对于实现长江上游次区域经济一体化,缩小我国东西部差距,促进区域经济的协调发展以及保证生态安全,促进各民族的融合发展乃至全国经济发展战略的实现都有着较为典型的意义。

第二，交通条件的改善特别是高速公路、铁路的建设将使丽江与攀枝花的经济联系显著增强，并进一步降低交通运输成本，促进要素的流动，使两地的经济距离大为缩短。而交通条件的进一步改善，将使丽江、攀枝花两地与长江上游次区域核心——重庆——的经济距离也得到进一步的缩短，自然随着更为先进的交通模式的应用，这一经济距离将得到更进一步的缩短。所以应当将改善两地的交通条件作为一体化的最初阶段最为重要的任务和区域经济合作的主要领域，并依靠相应的政策供给来加以实现。

第三，应当通过推进产业转移，增加直接投资，发挥各自优势，来实现经济的进一步集聚，实现企业跨区域发展和企业内的地域分工，推进区域经济合作，同时还应当通过技术的进步，特别是通过教育、健康医疗等社会服务水平的不断提高，以及依靠创新驱动来实现两地经济长期稳定的增长，进而不断提高经济密度。

第四，分割更多地体现在阻碍要素自由流动的体制性壁垒和障碍方面，因此应当通过构建互利双赢的合作机制，在跨区基础设施建设，建立质量更高的教育、健康医疗服务体系，以及在劳动等要素自由流动的政策协调等领域展开积极的合作。

第十一章　基于空间集聚视角加快滇西区域经济一体化进程的对策研究

一　滇西区域经济一体化合作的重点领域选择

按照经济理论的逻辑，区域经济合作领域的选择应当和区域所处的发展阶段相匹配，因为不同的发展阶段其能力结构是不一样的，即处于较高发展阶段的区域其能力结构也处于较高的层次，而从我国几个典型的区域经济合作的实践效果来看，合作效率与地区间的能力结构密切相关，能力结构匹配的，合作效率就高，而能力结构不匹配的，合作效率就低。这种合作效果上的差异，随着市场经济体制的不断完善和推进而日益显著，[①] 因此只有实现区域经济合作领域选择与该区域所处的发展阶段相匹配，才能获得较高的合作效率。还需特别强调的是，在推进滇西区域经济合作的进程中，我们不能仅局限于滇西地区，而应该将眼光放到全省、全国甚至是全球的高度来看待滇西地区的区域经济合作。基于这样的考虑，滇西区域经济合作可以在以下方面着重展开。

对外贸易领域。从实证研究的结果来看，在考察期内，贸易依存度的参数估计结果通过了显著性检验而且为负，这表明滇西地区

[①] 杨先明、李娅：《能力结构、资源禀赋与区域合作中的战略选择——云南案例分析》，《思想战线》2008 年第 6 期。

贸易依存度越高，越能提高区域经济一体化的水平。基于这样的逻辑，滇西地区应当在对外贸易领域充分展开合作，将滇西地区打造成为我国四川省、西藏自治区最近的出海通道和对外贸易合作区。还应该积极利用滇西地区作为边疆地区的比较优势，设立专项资金，用来推进边境口岸的基础设施建设，改善边境口岸的交通、通信、物流配套设施以及通关设施，为要素跨境流动与集聚创造条件。应通过与毗邻国家的沟通与协调，加快推进通关便利化，降低贸易和交易成本，提升滇西地区的贸易依存度及对外开放程度，最终不断提升滇西地区的区域经济一体化水平。

旅游领域。滇西地区有着十分丰富的旅游资源，其中丽江市和大理州的旅游产业优势明显，而滇西地区一些州市则有丰富的旅游资源，亟须发展旅游业，因此可以通过旅游产业合作来实现优势互补，共同打造滇西旅游的品牌。滇西各方合作的主要目标和发展方向应是打造以生态和民族文化资源为特色，集观光、购物、休闲、会展、影视等于一体的滇西旅游经济带，并率先实现旅游产业的一体化。

能源领域。流经滇西地区的河流主要有金沙江、怒江以及澜沧江三条，造就了广阔的流域面积，再加上海拔高差显著，蕴藏了巨大的水能资源，因此能源是滇西区域经济合作的重要内容，主要包括电力产业和天然气产业。就电力产业合作而言，关键是共同打造向域外特别是我国经济中心市场的电力输出基地，合作的主要任务是逐步建立起安全、稳定、可持续发展的电力供应体系；就天然气产业合作而言，主要任务是通过中缅天然气管道等项目的建设和推进来使滇西地区成为连接国内、国际市场的桥梁区域，并通过能源网络的建设使整个地区相互间的联系更为紧密，进而不断提升区域经济一体化的程度和水平。

矿产资源开发领域。滇西地区有着极为丰富的矿产资源，例如怒江州兰坪县的铅锌矿储量为亚洲第一，而与滇西地区毗邻的缅甸同样是一个矿产资源丰富的国家，主要有石油、天然气、宝石、钨、锑、铅、锌、锰、金、银等，由于经济发展落后和政治等方面的原因，缅甸的矿产资源并没有得到有效的开发和利用，开发程度还处于较低的水平，因此可以将滇西地区打造成为我国经济中心市场与缅甸矿产资源开发合作对接的桥梁区域，进而实现滇西地区矿产资源的深度开发和产业的高度化。

现代生物制药领域。滇西地区有着极为丰富的多样性生物资源，为建设生物制药产业奠定了坚实的基础，而且滇西地区还有着丰富而廉价的劳动力资源，土地价格较为便宜，更重要的是由于相关开放政策的叠加而有着面向南亚、东南亚开放的前沿优势。因此，可以充分利用滇西地区的上述优势来吸引我国发达地区的生物制药企业将总部和研发部门置于发达地区，而将生产部门置于滇西地区，这样就可以使企业充分发挥发达地区信息来源丰富快捷、管理经营理念先进以及高层次人才资源丰富等优势，同时也可以发挥滇西地区生物资源丰富，劳动力价格较为便宜，与南亚、东南亚毗邻等优势，实现在原料产地的就地生产和企业内的地域分工，从而可以节约企业的生产成本，提高企业的市场竞争力。更重要的是，能为我国生物制药产品通过跨国经济合作区等合作方式进入缅甸、东南亚和南亚市场提供便利。

二 推进滇西区域经济一体化的基本路径

基于滇西地区的发展现状以及面临的机遇与挑战，在新的历史条件下滇西地区需要通过以下三条有针对性的发展思路来推进区域经济的一体化。

第一是构建区域增长中心，提升滇西地区的经济密度，不断增强空间集聚力。当前，滇西地区还没有形成严格意义上的区域经济增长中心，但是该区域还是具备了构建区域经济增长中心的主要条件：一是滇西地区是我国前往南亚次大陆、东南亚地区最为便捷的陆路通道；二是滇西地区和毗邻国家都有着丰富的资源和成本低廉的劳动力，随着中国对外开放范围的不断扩大、连接性基础设施的持续改进以及优惠政策的不断叠加，滇西地区获得了构建区域增长中心的外部条件。因此，滇西地区只要充分发挥好比较优势和资源禀赋优势，承接好东部发达地区的产业转移，吸引好国内与南亚、东南亚国家的经济资源，就完全可以形成区域经济增长中心。

第二是构建国际产业带，缩小滇西地区的经济距离。国际产业带就是滇西地区与毗邻国家通过双边投资便利化以及良好制度环境的营造来使边界变"窄"，并充分发挥合作各方的比较优势，以提升产业层次、延伸产业链、创造更多就业岗位、实现合作各方加快发展为目标的国际产业合作带。在这方面，莱茵河的沿河国际产业合作带就是较为典型的成功案例。

第三是建立跨境经济合作区，弱化滇西地区的分割。跨境经济合作区是指两个相邻国家在毗邻的边境地区划出某一特定区域，并逐步赋予该区域特殊的财税、金融、投资、贸易等方面的优惠政策，并通过特殊的海关监管模式来吸引各种要素在该区域的聚集，实现该区域的快速发展并带动周边区域的共同发展。在这方面，墨西哥的墨美边境出口加工区就是较为典型的成功案例。

另外，从滇西区域经济一体化的发展路径来看，可以将其分为两个主要阶段，第一阶段是整个滇西地区分成以丽江为核心的包含迪庆、怒江的滇西北和以保山为核心的包含临沧、德宏的滇西南两个次区域，并以次区域的中心城市为核心，不断实现次区域自身的整合，最终实现次区域的经济一体化；第二阶段是在各次区域实现经济一体化的基础上，充分发挥大理作为滇西区域经济中心的作用，推进整个滇西地区的整合，并通过不断发展，最终实现滇西区域经济的一体化。需要特别强调的是，这两个阶段不一定需要严格遵循时间上的继起性，其界限可能较为模糊，即在某一个时期，这两个阶段存在交集的可能性是存在的。

三 滇西区域经济一体化的合作政策安排

世界上某些地区一体化发展势头良好是由于该地区遵循了提高经济密度、缩短经济距离以及减少经济分割的经济地理三大特性，从而导致了地理变迁（世界银行，2009）。因此，政策重点应当从缩短经济距离、提高经济密度和减少经济分割的角度展开，短期内应该以缩短经济距离政策为主，政策的关键是改善滇西地区基础设施条件，而长期则应以提高经济密度、减少经济分割为主，政策的关键是提升滇西地区的内生发展能力。

（一）短期政策的重点

尽管实证研究结果表明在考察期内，交通运输条件的参数估计结果没有通过显著性水平为 0.01、0.05 和 0.1 的显著性检验，表明交通运输条件不是推进滇西区域经济一体化的主要原因，但是在同一个考察期内人口要素流动强度的参数估计结果通过了显著性水平为 0.1 的显著性检验，实物资本流动强度的参数估计结果也通过了显著性水平为 0.01 的显著性检验，这表明连接性基础设施的改善将有助于降低滇西地区要素流动的时间成本和货币成本，不断缩短距离，并使滇西地区可以逐步分享与国内经济中心毗邻的效应，进而不断提升滇西地区区域经济一体化的水平。基于这样的逻辑，本研究认为应当把改善滇西地区连接性的基础设施作为一体化最初阶段的主要任务。

第一，要构建铁路、高等级公路和航空等多种运输方式高度融合的高效的综合立体交通网络。

第二，要完善油气等能源运输通道，提高运输效率和能力，使其与一体化的进程相互匹配。

（二）长期政策的重点

提升滇西地区的内生发展能力，并非可以毕其功于一役，而是需要长期的积累和努力，政策的重点应是以下几点。

一，深化体制改革，推进市场化进程，提升市场化水平。应加快滇西地区体制改革的步伐，各地政府应尽快从竞争性行业彻底退出，减少垄断行业，让市场在资源配置过程中起到决定性的作用。加强法制建设，杜绝"寻租"行为，给企业创造一个公平的竞争环境。进一步推进事业单位的改革，依靠体制改革，使政府尽快从律师、培训等服务行业退出，提高服务业的市场化水平。大力培育和规范中介组织和非政府组织，发挥其连接政府和市场的特殊作用。

二，通过改善投资环境，提升滇西地区的对外开放水平。改善投资环境的关键在于转变各地政府的职能，使其从传统体制下的管理型政府转变为服务型政府。应进一步推行政府权力清单制度，下放审批事项，取消一些不必要的审批事项，使政府的工作职责和精力从竞争性行业和项目审批等事务中退出，将主要精力放在公共服务领域。

三，加大科技投入，提升滇西地区的科技水平。在当前滇西地区人才、科技成果等生产要素流向滇中地区以及我国东部沿海发达地区的情况下，国家以及云南省加大对滇西地区科技、教育等公共资源的供给，不但能提升滇西地区的内生发展能力，还能使其他发达地区因劳务等方面合作的推进，获得更好生产要素的流入。政策的关键是一方面要加大投入力度，另一方面要推进滇西地区与我国东部发达地区以及滇中地区的科技合作和交流。

四，加大对滇西地区金融要素的供给力度。应主要采取政府担保、财政贴息的方式来加大对滇西地区金融支持的力度。

五，加大教育投入，增加教育资源供给，提升滇西地区人力资本的价值。提升滇西地区人力资本价值的关键和基础在于提高其教育水平，而提高教育水平的关键则在于加大投入的力度和稳定师资队伍，还有就是推进滇西地区与其他教育发达地区教育的合作，使滇西地区也能共享到其他发达地区优质的教育资源。

六，对公共财政进行全面转型。公共财政的重点不是投资于区域内部的经济生产，而应在于：一要突出基本公共服务的均等化，实现与发达地区基本生活水平的趋同；二要突出对欠发达地区社会保障、基础教育、公共医疗等可携带性投资的支持力度，这不仅可以打破人文发展与贫困的恶性循环，还有利于培育欠发达地区的自生发展能力。

四 本章小结

就滇西区域经济合作的重点领域而言，可以选择对外贸易、旅游、能源、矿产资源开发以及现代生物制药等领域展开合作；就推进滇西区域经济一体化的基本路径而言，可以通过构建区域增长中心，提升滇西地区的经济密度，不断增强空间集聚力，可以通过构建国际产业带来缩小滇西地区的经济距离，还可以通过建立跨境经济合作区来弱化滇西地区的分割；从滇西区域经济一体化的发展路径来看，主要可以分为两个主要阶段，第一阶段是整个滇西地区分成以丽江为核心的包含迪庆、怒江的滇西北和以保山为核心的包含临沧、德宏的滇西南两个次区域，并以次区域的中心城市为核心，不断实现次区域自身的整合，最终实现次区域的经济一体化；第二阶段是在各次区域实现经济一体化的基础上，充分发挥大理作为滇西区域经济中心的作用，推进整个滇西地区的整合，并通过不断的发展，最终实现滇西区域经济的一体化；就滇西区域经济一体化的合作政策安排而言，政策重点应当从缩短经济距离、提高经济密度和减少经济分割的角度展开，短期内应该以缩短经济距离为主，政策的关键是改善滇西地区的基础设施条件，而长期内则应以提高经济密度、减少经济分割为主，政策的关键是提升滇西地区的内生发展能力。

第十二章 研究结论

通过上述分析，可得出如下十二个方面的研究结论。

第一，积极推进滇西区域经济的一体化，对于推进云南区域经济的整合进而实现一体化、促进各民族的融合发展、维护我国边疆的稳定有重要的意义。

第二，绝对成本理论、比较成本理论、资源禀赋理论、技术差距理论和地理分工理论是区域经济一体化研究的基础理论，是区域经济一体化得以开展的动力学基础，而中心地理论、增长极理论、极化理论、核心—边缘理论、"倒 U 形"理论和一体化阶段理论是从空间形态、结构上对区域经济一体化过程的描述，是区域经济一体化的空间结构演进理论。经济学者们从发展中国家的实际出发，提出了适用于发展中国家区域经济一体化的理论，这将对处于发展阶段的中国特别是滇西地区来说，有很强的指导意义。通过对现有要素流动理论和空间集聚理论的回顾与梳理，本研究认识到从古典区位论到区域科学，没有能对从区位选择到集聚的思想做更为深入的研究和探索，反而使其被逐步边缘化。这种情况直到空间经济学诞生之后才得以彻底改观。空间经济学把空间要素纳入了经济学主流的分析框架之中，建立了具有很强现实性的不完全竞争、报酬递增和"冰山成本"基础上的，近乎完美的严谨的数理经济学理论模型，为滇西区域经济一体化的进程提供了很好的分析框架和研究方法。空间集聚和区域经济一体化实质上是空间经济结构演进过程中不同时期的具体表现，而促成这种空间经济结构演进的主要动力是要素流动，其实现形式是区域经济合作。滇西地区不仅是内陆边疆地区而且是集中连片特困地区和少数民族集聚区，还是高原多山、地质灾害频发地区，这些异质性的特征将必然对滇西地区的要素流动和区域经济合作产生特殊的影响，从而将对空间经济结构的演进产生影响，并最终影响滇西地区的空间集聚和区域经济一体化的进程。因此，研究解决上述异质性特征所带来的各种问题的过程实质上就是构建滇西区域经济一体化理论的过程，这也将为丰富一体化理论提供有益的补充。

第三，对滇西区域经济的研究还有待加强，特别是对滇西区域经济一体化问题的研究还需要进一步深入。对滇西区域经济的研究之所以在近几年才逐渐被理论界和学术界所关注，并不是学者们有意忽视，更重要的是由滇西地区发展到现阶段的现实背景所决定的。从我国对区域经济一体化的研究来看，学术界关注一个区域的程度与该区域所处的发展阶段以及该区域的整合程度密切相关，例如长三角地区处于更高的发展阶段，其区域经济整合程度较高，学术界对其的关注度也就较高。

第四，通过对滇西区域经济一体化进行的实证研究，我们发现：(1) 在考察期内，区域经济一体化指数滞后项的参数估计结果没有通过显著性检验，这表明滇西地区上一期的区域经济一体化程度对下一期的区域经济一体化的延续性影响没有产生或者趋于减弱，影响并不大；(2) 在考察期内，GDP 的参数估计结果没有通过显著性检验，而 GDP 滞后项的参数估计结果通过了显著性水平为 0.05 的显著性检验且为负，这表明在同一时期内，GDP 不是推进滇西区域经济一体化的主要原因，而 GDP 对滇西区域经济一体化的影响存在时滞效应，具有一定的延续性，其影响是长期性的而不是短期性的；(3) 在考察期内，贸易依存度的参数估计结果通过了显著性检验且为负，这表明滇西地区贸易依存度越高，越能提高区域经济一体化的水平；(4) 在考察期内，交通运输条件的参数估计结果没有通过显著性检验，这表明交通运输条件不是推进滇西区域经济一体化的主要原因，这与经济理论上认识并不一致，产生这样的结果，一方面可能是由研究方法的选择、数据的缺乏、指标选择等问题导致的；另一方面可能是滇西地区的某些特殊性和关系数据所具有的某些局限性以及模型中其他因素所造成的；(5) 在考察期内，人口要素流动强度的参数估计结果通过了显著性水平为 0.1 的显著性检验，实物资本流动强度的参数估计结果也通过了显著性水平为 0.01 的显著性检验，这表明人口要素流动强度和实物资本流动强度的增强有助于提升滇西区域经济一体化的水平。

第五，空前的优惠政策叠加、空间区位变迁以及中国经济能量的加速溢出为滇西区域经济的发展提供了前所未有的机遇，与此同时十分低下的经济密度、薄弱的内生发展能力、较远的经济距离、严重的区域分割以及大理的现实与区域经济中心定位的差距都给滇西区域经济一体化带来了严峻的挑战。

第六，通过对滇西北区域经济一体化的实证研究，本研究发现：(1) 滇西北地区上一期的区域经济一体化程度对下一期的区域经济一体化的延续性影响没有产生或者趋于减弱，影响并不大；(2) GDP 对区域经济一体化的影响显著为正，表明 GDP 是推进滇西北区域经济一体化的主要原因；(3) 国内旅游收入、国际旅游外汇收入、贸易依存度、人口要素流动强度和实物资本流动强度不是推进滇西北区域经济一体化的主要原因；(4) 交通运输条件不是推进滇西北区域经济一体化的主要原因，这与经济理论上认识并不一致，产生这样的结果，一方面可能是由研究方法的选择、数据的缺乏、指标选择等问题导致的；另一方面可能是滇西北地区的某些特殊性和关系数据所具有的某些局限性以及模型中其他因素所造成的。这些发现有着重要的政策含义：应当通过产业转移合作，增加相互直接投资与合作，来发挥各自优势，实现经济的进一步集聚以及企业跨区域发展和企业内的地域分工，同时应当通过技术合作和教育、健康医疗等方面的合作来实现社会服务水平的不断提高和技术的改进，并通过创新合作来实现滇西北区域经济长期稳定的增长，进而不断提高经济密度。

第七，通过对滇西南区域经济一体化问题的实证研究，我们发现：(1) 滇西南地区上一期的区域经济一体化程度对下一期的区域经济一体化存在显著的延续性影响，具有惯性；(2) 贸易依存度是推进滇西南区域经济一体化的主要原因；(3) 交通运输条件不是推进滇西南区域经济一体化的主要原因，这与经济理论上认识并不一致，产生这样的结果，一方面可能是由研究方法的选择、数据的缺乏、指标选择等问题导致的；另一方面可能是滇西南地区的某些特殊性和关系数据所具有的某些局限性以及模型中其他因素所造成的。这些发现有着重要的政策含义：(1) 推进滇西南区域经济一体化应当着眼于长远，不可受短期内一些不利因素的干扰，特别是三地政府应当首先树立这样的决心和信心；(2) 应该积极利用保山、德宏和临沧作为边疆州市的比较优势，设立专项资金，用来推进边境口岸的基础设施建设，改善边境口岸的交通、通信、物流配套设施以及通关设施，为要素跨境流动与集聚创造条件。要通过与毗邻国家的沟通与协调，加快推进通关便利化，降低贸易和交易成本，提升滇西南地区的贸易依存度以及对外开放程度，最终不断提升滇西南区域经济一体化水平。

第八，本研究以丽江大理为例，研究了滇西城市经济一体化问题，通过实证研究，我们发现：(1) 丽江和大理上一期的城市经济一体化水平对下一期的城市经济一体化水平有着延续性的影响，存在惯性；(2) 丽江和大理国际旅游外汇收入的增加、交通运输条件的改善以及实物资本流动强度的增强有助于丽江大理城市一体化水平的提升；(3) 丽江和大理 GDP 的增加、人口要素流动强度的增加以及国内旅游收入的增加不利于丽江大理城市一体化水平的提升，这样的结果与先前本研究的认识并不一致，产生这样结果很大程度上可能是由丽江大理的某些特殊性和异质性以及数据的某些局限性，还有模型的其他因素造成的，这也是需要再进一步深入研究的问题；(4) 非公经济增加值占当年 GDP 的比重和贸易依存度并不是推进丽江大理城市经济一体化的主要原因，可能的原因主要有两个方面：一方面是丽江大理作为发展相对落后地区，对外开放的程度和深度与发达地区比还有相当大的距离，贸易依存度并不高，外贸对两市国民经济的贡献并不高，比重不大；另一方面作为发展落后地区的丽江和大理，历史上产业较为单一，并不像东北地区那样经历过公有制工业企业大发展的时期，故在本研究中采用非公经济增加值占当年 GDP 的比重作为解释变量来解释城市一体化的水平在一定程度上具有局限性。这些发现有着重要的政策含义：（1）丽江和大理的城市经济合作应当着眼于长远，不可受短期内一些不利因素的干扰，特别是两地政府应当首先树立这样的决心和信心，给社会各界发出推进城市经济合作的稳定预期；（2）丽江大理两地在推进旅游合作的同时应重点推进合作开发国际旅游市场，并以此为契机不断提升丽江大理两地旅游的国际化水平，实现丽江大理两地旅游产业的升级发展；（3）由于丽江和大理交通运输条件的改善以及实物资本流动强度的增强有助于丽江大理城市一体化水平的提升，因此一方面应当重点推进丽江大理在交通基础设施建设上的合作，实现两地交通基础设施的进一步优化和改善，不断降低运输成本，另一方面应以"一带一路"等国家计划的实施为契机重点推进物流产业的合作，实现大理滇西物流中心建设和丽江滇西北物流中心建设的无缝对接。

第九，本研究以大理保山为例，研究了滇西城市经济一体化问题，通过实证研究，我们发现：（1）大理和保山上一期的城市经济一体化水平对下一期的城市经济一体化水平有着延续性的影响，存在惯性和某种路径依赖；（2）大理和保山 GDP 的增加有利于大理保山城市一体化水平的提升；（3）大理及保山市外商直接投资的增加将有助于大理保山城市一体化水平的提升。外商直接投资的增加，会提升城市经济的对外开放程度，有利于打破阻碍城市经济一体化的机制体制性障碍，进而提升城市经济一体化的程度与水平；（4）大理和保山贸易依存度的提升有利于大理保山城市一体化水平的提升；（5）大理和保山交通运输条件的改善和提升反而不利于大理保山城市一体化水平的提升,这样的结果与先前本研究的认识并不一致,产生这样结果很大程度上可能是由大理保山的某些特殊性和异质性以及数据的某些局限性,还有模型的其他因素造成的,这也是需要再进一步深入研究的问题;(6)人口要素流动强度指数以及实物资本流动强度指数并不是推进大理保山城市经济一体化的主要原因。这些发现有着重要的政策含义:(1)由于大理保山城市经济一体化水平对下一期的城市经济一体化水平有着延续性的影响,存在惯性,具有路径依赖的特性,因而大理保山城市经济一体化是一个长期的过程,需要长久的努力和积累,并不是一个一蹴而就的过程。因此,大理保山政府共同出台推进城市经济一体化规划将变得尤为重要,但更为重要和关键的是有了规划后要抓落实。(2)应当探索构建大理保山城市经济一体化的合作与协调机制。共同出台了规划之后,在抓落实的进程中,构建城市经济一体化的合作与协调机制会变得很重要,因为尽管规划会制定得尽可能全面,但事物总在不断发展变化,难免会有新问题、新情况出现,所以需要通过这样一个合作与协调机制研究新问题、新情况,不断协调两城市的合作进程,进而更好地推进城市经济一体化。(3)根据本研究的发现,大理和保山 GDP 的增加有利于大理保山城市一体化水平的提升。因此,应当通过产业转移合作,增加相互直接投资与合作,来发挥各自优势,实现经济的进一步集聚以及企业跨区域发展和企业内的地域分工,同时应当通过技术合作和教育、健康医疗等方面的合作来实现社会服务水平的不断提高和技术的改进,并通过创新合作来实现两地经济长期稳定的增长,进而不断提高经济密度。(4)根据本研究的发现,大理和保山市外商直接投资的增加将有助于大理保山城市一体化水平的提升。因此,大理和保山市两地应当不断改善投资环境,提升政府的服务能力和服务水平,不断提升实际利用外资水平,进而不断提升城市经济对外开放的程度和水平,提升城市经济一体化的水平。(5)根据本研究的发现,大理和保山贸易依存度的提升有利于大理保山城市一体化水平的提升。因此,应该积极利用大理特别是保山作为边疆城市的比较优势，设立专项资金，推进边境口岸的基础设施建设，改善边境口岸的交通、通信、物流配套设施以及通关设施，为要素跨境流动与集聚创造条件。要通过与毗邻国家的沟通与协调，加快推进通关便利化，降低贸易和交易成本，提升大理保山的贸易依存度及对外开放程度，最终不断提升大理保山的城市一体化水平。

第十，本研究以丽江攀枝花为例，研究了滇西与域外地区的区域经济一体化问题。通过研究，我们得出如下几点结论：（1）丽江和攀枝花发展差距较大，前者为边疆少数民族地区，后者为内地汉族地区，二者都是以重庆为核心的长江上游次区域的一部分，因此积极推进丽江攀枝花经济的进一步整合对于实现长江上游次区域经济一体化、缩小我国东西部差距、促进区域经济的协调发展以及保证生态安全、促进各民族的融合发展乃至全国经济发展战略的实现都有着较为典型的意义。（2）交通条件的改善特别是高速公路、铁路的建设将使丽江与攀枝花的经济联系显著增强，并进一步降低交通运输成本，促进要素的流动，使两地的经济距离大为缩短。而交通条件的进一步改善，将使丽江、攀枝花两地与长江上游次区域核心——重庆——的经济距离也得到进一步的缩短，自然随着更为先进的交通模式的应用，这一经济距离将得到更进一步的缩短。所以应当将改善两地的交通条件作为一体化最初阶段最为重要的任务和区域经济合作的主要领域，并依靠相应的政策供给来加以实现。（3）应当通过推进产业转移，增加直接投资，发挥各自优势，来实现经济的进一步集聚，实现企业跨区域发展和企业内的地域分工，推进区域经济合作，同时应当通过技术的进步，特别是通过教育、健康医疗等社会服务水平的不断提高，以及依靠创新驱动来实现两地经济长期稳定的增长，进而不断提高经济密度。（4）分割更多地体现在阻碍要素自由流动的体制性壁垒和障碍方面，因此应当通过构建互利双赢的合作机制，在跨区基础设施建设，建立质量更高的教育、健康医疗服务体系，以及在劳动等要素自由流动的政策协调等领域展开积极的合作。

第十一,通过对滇西各次区域经济一体化、滇西城市经济一体化以及滇西与域外地区的区域经济一体化的研究,我们可以认为滇西区域经济一体化的发展路径,可以分为两个主要阶段,第一阶段是整个滇西地区分成以丽江为核心的包含迪庆、怒江的滇西北和以保山为核心的包含临沧、德宏的滇西南两个次区域,并以次区域的中心城市为核心,不断实现次区域自身的整合,最终实现次区域的经济一体化;第二阶段是在各次区域实现经济一体化的基础上,充分发挥大理作为滇西区域经济中心的作用,推进整个滇西地区的整合,并通过不断的发展,最终实现滇西区域经济的一体化。

第十二,就滇西区域经济合作的重点领域而言,可以选择对外贸易、旅游、能源、矿产资源开发以及现代生物制药等领域展开合作;就推进滇西区域经济一体化的基本路径而言,可以通过构建区域增长中心,提升滇西地区的经济密度,不断增强空间集聚力,可以通过构建国际产业带来缩小滇西地区的经济距离,还可以通过建立跨境经济合作区来弱化滇西地区的分割;就滇西区域经济一体化的合作政策安排而言,政策重点应当从缩短经济距离、提高经济密度和减少经济分割的角度展开,短期内应该以缩短经济距离为主,政策的关键是改善滇西地区的基础设施条件,而长期内则应以提高经济密度、减少经济分割为主,政策的关键是提升滇西地区的内生发展能力。

主要参考文献

1. 〔英〕威廉·配第：《赋税论》，马妍译，中国社会科学出版社，2010。
2. 〔法〕让·巴蒂斯特·萨伊：《政治经济学概论》，陈福生、陈振骅译，商务印书馆，2010。
3. 〔英〕阿尔弗雷德·马歇尔：《经济学原理》，刘生龙译，中国社会科学出版社，2007。
4. 〔美〕罗伯特·M.索洛：《经济增长理论：一种解说（第2版）》，朱保华译，格致出版社，2015。
5. 马洪、孙尚清：《经济与管理大辞典》，中国社会科学出版社，1985。
6. 杜肯堂、戴士根主编《区域经济管理学》，高等教育出版社，2004。
7. 周加来、李刚：《区域经济发展差距：新经济地理、要素流动与经济政策》，《经济理论与经济管理》2008年第9期。
8. 梁琦：《分工、集聚与增长》，商务印书馆，2009。
9. 〔德〕阿尔弗雷德·韦伯：《工业区位论》，李刚剑等译，商务印书馆，1997。
10. 〔德〕奥古斯特·勒施：《经济空间秩序》，王守礼译，商务印书馆，1995。
11. 金煜、陈钊、陆铭：《中国的地区工业集聚：经济地理、新经济地理与经济政策》，《经济研究》2006年第4期。
12. 刘乃全：《空间集聚论》，上海财经大学出版社，2012。

13. 梁琦：《空间集聚的基本因素考察》，《衡阳师范学院学报》（社会科学）2003年第5期。

14. 李爱国、黄建宏：《运输成本对空间经济集聚与扩散活动的影响》，《求索》2006年第7期。

15. 韩峰、柯善咨：《追踪我国制造业集聚的空间来源：基于马歇尔外部性与新经济地理的综合视角》，《管理世界》2012年第10期。

16. 梁双陆：《边疆经济学：国际区域经济一体化与中国边疆经济发展》，人民出版社，2009。

17. 于光远：《经济大辞典》，上海辞书出版社，1992。

18. 孟庆民：《区域经济一体化的概念与机制》，《开发研究》2001年第2期。

19. 谭小平、徐杏：《长三角区域经济一体化的态势及运输市场一体化的思考》，《公路运输文摘》2004年第6期。

20. 陈建军：《要素流动、产业转移和区域经济一体化》，浙江大学出版社，2009。

21. 周新宏、沈霁蕾：《长三角区域经济发展现状及趋势研究》，《经济纵横》2007年第4期。

22. 罗蓉、罗雪中：《论区域经济一体化演进机制及城市主导作用》，《社会科学战线》2009年第9期。

23. 吴福象、曹璐、段巍：《经济效率、空间公平与区域一体化》，《天津社会科学》2015年第4期。

24. 武芳、田伊霖、王婷：《东非共同体发展成效和问题研究》，《国际经济合作》2013年第12期。

25. 和燕杰、朱桂香、袁花：《长江流域经济一体化：理论与实践》，云南大学出版社，2013。

26. 〔英〕亚当·斯密：《国民财富的性质和原因的研究》，郭大力、王亚楠译，商务印书馆，1988。

27. 〔英〕大卫·李嘉图：《政治经济及赋税原理》，郭大力、王亚楠译，商务印书馆，2013。

28. 〔瑞典〕贝尔蒂尔·俄林：《地区间贸易与国际贸易》，王继祖译，首都经济贸易大学出版社，2001。

29. 沃尔特·克里斯泰勒：《德国南部中心地原理》，常正文、王兴中等译，商务印书馆，2004。

30. 张敦富主编《区域经济学原理》，中国轻工业出版社，1999。

31. 陈秀山、张可云：《区域经济理论》，商务印书馆，2003。

32. 〔法〕弗朗索瓦·佩鲁：《略论增长极概念》，《经济学译丛》1988年第9期。

33. G. 缪尔达尔：《亚洲的戏剧：对一些国家贫困问题的研究》，谭力文、张卫东译，北京经济学院出版社，1992。

34. 〔美〕艾伯特·赫尔希曼：《经济发展战略》，潘照东、曹征海译，经济科学出版社，1991。

35. 张河清、成红波：《"核心—边缘"理论在南岳衡山区域旅游产品开发中的运用》，《地域研究与开发》2005年第3期。

36. 〔阿根廷〕劳尔·普雷维什：《外围资本主义：危机与改造》，苏振兴、袁兴昌译，商务印书馆，1990。

37. 梁双陆、程小军：《国际区域经济一体化理论综述》，《经济问题探索》2007年第1期。

38. 布雷达·帕弗里奇等：《南南合作的挑战》，赵穗生译，中国对外经济贸易出版社，1987。

39. 王亚南等：《资产阶级古典政治经济学选辑》，商务印书馆，1979。

40. 〔法〕魁奈：《魁奈经济著作选集》，吴斐丹译，商务印书馆，1997。

41. 〔德〕马克思：《资本论（第一卷）》，冯文光等译校，中国社会科学出版社，1984。

42. 侯方玉：《古典经济学关于要素流动理论的分析及启示》，

《河北经贸大学学报》2008年第2期。

43. 吕春成：《要素价格均等化定理研究动向考察》，《山西财经大学学报》2002年第1期。

44. 何兴容、陈勇兵、凡福善：《相对要素价格均等化：理论模型与实证检验》，《财经科学》2010年第2期。

45. 姜鸿：《中国—智利自由贸易协定与收入再分配——基于特定要素模型的分析》，《管理世界》2006年第10期。

46. 义旭东：《论区域要素流动》，四川大学博士学位论文，2005。

47. 〔德〕约翰·冯·杜能：《孤立国同农业和国民经济的关系》，吴衡康译，商务印书馆，1997。

48. 〔日〕藤田昌久、〔比利时〕雅克·弗朗科斯·蒂斯：《集聚经济学：城市、产业区位与区域增长》，刘峰、张雁、陈海威译，西南财经大学出版社，2004。

49. 〔德〕奥古斯特·勒施：《经济空间秩序》，王守礼译，商务印书馆，1995。

50. 〔美〕沃尔特·艾萨德：《区位与空间经济》，杨开忠、沈体雁、方森、王滔等译，北京大学出版社，2011。

51. 杨小凯、黄有光：《专业化与经济组织：一种新兴古典微观经济学框架》，经济科学出版社，2006。

52. 阿林·杨格：《报酬递增与经济进步》，贾根良译，《经济社会体制比较》1996年第2期。

53. 杨小凯：《经济学原理》，中国社会科学出版社，1998。

54. 〔美〕保罗·克鲁格曼：《发展、地理学与经济理论》，北京大学出版社，中国人民大学出版社，2000。

55. 李胜会、冯邦彦：《对国外空间经济学集聚经济理论研究的分析——兼谈城市集聚理论的发展》，《经济问题》2008年第2期。

56. 安虎森主编《空间经济学教程》，经济科学出版社，2006。

57. 洪开荣、肖谋琅：《产业空间集聚的理论发展》，《湖南财经高等专科学校学报》2006年第2期。

58. 王红霞：《要素流动、空间集聚与城市互动发展的定量研究——以长三角地区为例》，《上海经济研究》2011年第12期。

59. 杨先明、刘岩：《中国国内市场分割动因研究》，《思想战线》2010年第2期。

60. 周一星、胡智勇：《从航空运输看中国城市体系的空间网络结构》，《地理研究》2002年第5期。

61. 戴特奇、金凤君、王姣娥：《空间相互作用与城市关联网络演进——以我国20世纪90年代城际铁路客流为例》，《地理科学进展》2005年第2期。

62. 沈丽珍、罗震东、陈浩：《区域流动空间的关系测度与整合——以湖北省为例》，《城市问题》2011年第12期。

63. 曹芳东、黄震方、吴丽敏、徐敏：《基于时间距离视域下城市旅游经济联系测度与空间整合——以长江三角洲地区为例》，《经济地理》2012年第12期。

64. 刘乃全等：《空间集聚论》，长海财经大学出版社，2012。

65. 俸世荣、张毅：《滇西区域经济发展分析》，《牡丹江大学学报》2010年第6期。

66. 王云强：《跨越式发展视野下云南民族地区的产业政策选择》，《思想战线》2012年第2期。

67. 张伟、孟庆红、罗宏翔：《2009年云南省区域经济学会年会暨滇西经济发展论坛综述》，《云南社会科学》2010年第2期。

68. 马金书：《大理滇西中心城市建设的产业支撑问题研究》，《中共云南省委党校学报》2008年第5期。

69. 文淑惠、和玉华：《基于空间计量经济学的云南滇西经济圈经济增长主要因素分析》，《经济问题探索》2014年第2期。

70. 何沁璇、骆华松：《基于桥头堡战略下的产业发展——以云南滇西为例》，《改革与战略》2011年第12期。

71. 陈辞：《基于 SD 模型的滇西区域经济发展及政策建议》，《生态经济》2010 年第 6 期。

72. 桂琦寒、陈敏、陆铭、陈钊：《中国国内商品市场趋于分割还是整合：基于相对价格法的分析》，《世界经济》2006 年第 2 期。

73. 范爱军、李真、刘小勇：《国内市场分割及其影响因素的实证分析——以我国商品市场为例》，《南开经济研究》2007 年第 5 期。

74. 斯琴、武友德、李灿松：《滇西北地区特色经济的发展与产业结构优化研究》，《资源开发与市场》2007 年第 11 期。

75. 钱利英、吴映梅、徐燕苗：《滇西北民族地区经济发展水平与产业结构演进状态协调分析》，《经济地理》2010 年第 8 期。

76. 刘建军、吴映梅、田斌：《基于区域特色的滇西北产业发展研究》，《昆明理工大学学报》（社会科学版）2011 年第 1 期。

77. 胡兵辉、王维：《滇西北农业地域资源优势及产业化开发途径》，《生态经济》2014 年第 1 期。

78. 董培海、李伟：《旅游流空间场效应演变中的竞合关系分析——以滇西北生态旅游区为例》，《北京第二外国语学院学报》2012 年第 1 期。

79. 曹洪华、王荣成、李正：《单核型旅游圈旅游经济空间溢出效应研究——以昆明—滇西北旅游圈为例》，《资源开发与市场》2013 年第 12 期。

80. 孙坤、汪淑敏：《滇西南—滇西北旅游"核心—边缘"区空间演化研究》，《四川旅游学院学报》2014 年第 6 期。

81. 周智生、缪坤和：《多元文化传播与西南边疆民族地区商品经济成长——以明清时期的滇西北地区为例》，《中南民族大学学报》（人文社会科学版）2006 年第 1 期。

82. 周智生、吴映梅：《近代中国西南边疆民族乡村的农业商品化浪潮——以滇西北为中心的考察》，《西南民族大学学报》（人文社会科学版）2007 年第 9 期。

83. 谭志敏：《连片特困地区农村贫困治理转型：内源性扶贫——以滇西北波多罗村为例》，《中国农业大学学报》（社会科学版）2015 年第 6 期。

84. 王晓毅：《反思的发展与少数民族地区反贫困——基于滇西北和贵州的案例研究》，《中国农业大学学报》（社会科学版）2015 年第 4 期。

85. 冯朝睿：《多中心协同反贫困治理体系研究——以滇西北边境山区为例》，《西北人口》2016 年第 4 期。

86. 张建雄：《滇西北旅游业发展中的隐忧与对策》，《旅游学刊》2003 年第 3 期。

87. 普荣、白海霞、朱桂香：《民族地区旅游城镇化策略——滇西北的探索》，《开放导报》2014 年第 5 期。

88. 王子新、明庆忠：《滇西北旅游发展一体化建设浅析》，《云南师范大学学报》2002 年第 3 期。

89. 罗富民、郑元同：《地方政府在川西南、滇西北区域旅游合作中的博弈分析》，《特区经济》2008 年第 10 期。

90. 郑元同：《川西南、滇西北区域旅游合作的效益分析——基于旅游经济可持续发展的理解》，《软科学》2009 年第 2 期。

91. 苏章全、李庆雷、明庆忠：《基于共生理论的滇西北旅游区旅游竞合研究》，《山西师范大学学报》（自然科学版）2010 年第 1 期。

92. 徐旌、孟鸣：《试析滇西北人口与经济的协调发展》，《生态经济》2001 年第 11 期。

93. 薛熙明：《民族社区生态旅游发展的基本原则与核心产业建设——以滇西北为例》，《西南民族大学学报》（人文社会科学版）2012 年第 8 期。

94. 幸岭、蒋素梅、王丽萍：《论旅游开发中滇藏茶马古道的保护格局——以滇西北核心段为研究对象》，《经济问题探索》

2014年第7期。

95. 邓民彩：《滇西南地区经济差异性分析》，《临沧师范高等专科学校学报》2013年第2期。

96. 孙坤、王淑敏：《滇西南—滇西北旅游"核心—边缘"区空间演化研究》，《芜湖职业技术学院》2014年第6期。

97. 李海燕、张东强、陈靖等：《滇西南欠发达县域新型城镇化动力机制研究》，《河南城建学院学报》2016年第6期。

98. 朱晓娜：《滇西南休闲体育旅游市场开发模式和策略研究》，《旅游市场》2012年第8期。

99. 陈玉萍、吴海涛等：《技术采用对农户间收入分配的影响：来自滇西南山区的证据》，《中国软科学》2009年第7期。

100. 吴海涛、陈玉萍、张永敏：《杂交玉米技术采用对山区农户生计的影响分析——来自滇西南的实证》，《中国农业科学》2013年第24期。

101. 王娟、吴海涛：《山区少数民族农户参与市场与生计策略关系研究——以滇西南为例》，《贵州民族研究》2014年第7期。

102. 王娟、吴海涛、丁士军：《山区农户生计转型及其影响因素研究》，《中南财经政法大学学报》2014年第5期。

103. 吴海涛、王娟、丁士军：《贫困山区少数民族农户生计模式动态演变——以滇西南为例》，《中南民族大学学报》（人文社会科学版）2015年第1期。

104. 潘荣翠：《GMS框架下滇西南地区与周边地区产业结构比较研究》，昆明理工大学硕士学位论文，2005。

105. 陈晓贺：《滇西南地区产业结构调整中的人力资源开发对策研究》，昆明理工大学硕士学位论文，2005。

106. 马丽、吴萍：《滇西南地区水泥业发展的SWOT分析》，《工业技术经济》2005年第5期。

107. 张锦、王琣茗：《山地城镇体系规模结构的计量分析及分形特征研究——以滇西南临沧市为例》，《云南地理环境研究》

2011年第6期。

108. 李海燕、张东强、陈靖、张洁、左琳：《滇西南欠发达县域新型城镇化动力机制研究》，《河南城建学院学报》2016年第6期。

109. 李海燕、张东强、包震、郭希贤：《滇西南集贫县域新型城镇化推进动力及路径研究》，《保山学院学报》2017年第4期。

110. 李长凤、明庆忠、段晨等：《滇西南古六大茶山旅游竞合模式探讨》，《四川旅游学院学报》2015年第4期。

111. 陈敏、王林：《云南滇西南地区城乡一体化发展的对策分析》，《知识经济》2017年第16期。

112. 杨雪萍、杨文蕙：《大理州农村富余劳动力转移问题探讨》，《云南民族大学学报》（哲学社会科学版）2007年第2期。

113. 马光选、刘强：《整合式扶贫：一种新的扶贫治理模式的尝试性阐释——以大理州扶贫治理经验为例》，《贵州财经大学学报》2017年第6期。

114. 吴悦芳、徐红罡：《大理古城旅游房地产的发展及社会文化影响研究》，《人文地理》2010年第4期。

115. 周智、黄英、黄娟：《基于居民感知的少数民族地区旅游城镇化可持续发展研究——以云南大理古城周边地区为例》，《现代城市研究》2015年第5期。

116. 马少吟、徐红罡：《从消费到生产：大理古城生活方式型旅游企业主移民的生存特征》，《旅游学刊》2015年第5期。

117. 徐红罡、唐香姐：《流动性视角下打工旅游者行为特征研究——以大理古城为例》，《人文地理》2015年第4期。

118. 黎洁、李恒：《历史文化名城文化产业与旅游产业整合创新的目标模式研究——以云南大理为例》，《思想战线》2001年第1期。

119. 刘圣欢、杨砚池：《现代农业与旅游业协同发展机制研究——以大理市银桥镇为例》，《华中师范大学学报》（人文社会科学版）2015 年第 3 期。

120. 余曙光、余小平：《新农村建设与西部民族地区人力资源开发——大理州农村劳动力流动和转移的调查与思考》，《西南民族大学学报》（人文社会科学版）2006 年第 12 期。

121. 杨莉：《论西部民族特色经济形成及对经济增长的作用——以大理白族自治州为例》，《云南民族大学学报》（哲学社会科学版）2009 年第 2 期。

122. 郭跃华、李樟、田育南：《民族地区农村最低生活保障制度研究——以云南省大理白族自治州宾川县为例》，《云南行政学院学报》2012 年第 4 期。

123. 李一是：《保山地区个体私营经济考察》，《云南社会科学》2000 年第 1 期。

124. 王美艳、吴映梅：《推进保山市经济结构调整和发展方式的转变》，《中共云南省委党校学报》2010 年第 3 期。

125. 苏正平、刘小龙：《保山市经济社会发展环境与战略目标》，《中共云南省委党校学报》2010 年第 3 期。

126. 余翠娥：《少数民族地区新农村建设中的资源整合——来自云南省保山市勐廷村的个案分析》，《云南社会科学》2010 年第 4 期。

127. 黄征学：《加快云南边境地区经济发展的对策建议——来自保山市的调研》，《宏观经济管理》2013 年第 1 期。

128. 熊清华：《农业发展的乘法效应——云南省保山市推进农业产业化经营的实践与思考》，《思想战线》2005 年第 6 期。

129. 中国人民银行保山市中心支行课题组：《普惠金融视角下的农村资金互助社发展研究：现状、建议及路径——以保山市为例》，《西南金融》2012 年第 7 期。

130. 汪楹：《金融服务滇西边境山区高原特色农业产业发展问题研究——以云南省保山市为例》，《西南金融》2013 年第 9 期。

131. 臧秀梅：《东西部城市经济的合作与发展》，《社会科学研究》2000 年第 3 期。

132. 乔观民、郑魁浩：《浙东四城市经济合作探讨》，《经济地理》2001 年第 12 期。

133. 叶庆：《浅谈长江沿岸城市经济的合作发展》，《决策咨询通讯》2006 年第 3 期。

134. 罗小龙、沈建法：《基于共同利益关系的长江三角洲城市合作——以长江三角洲城市经济协调会为例》，《经济地理》2008 年第 4 期。

135. 杨顺湘：《论长江沿岸中心城市经济能级的政府间协调合作发展——政治学新视角论区域合作》，《重庆大学学报》（社会科学版）2009 年第 5 期。

136. 于阳、朱云鹃、朱学星：《泛长三角地区安徽六市的城市经济合作研究》，《技术经济》2011 年第 12 期。

137. 孙景荣、张丽娟、张娟：《古城型旅游地国际客源市场空间结构比较分析——以大理和丽江为例》，《云南地理环境研究》2009 年第 5 期。

138. 陈娟：《生态位理论在区域旅游竞合中的应用研究——以大理、丽江旅游区为例》，《林业经济》2013 年第 5 期。

139. 颜飞、李伟、孙晶、孙兆法：《基于旅游流视角的丽江大理旅游竞合研究》，《城市旅游规划》2014 年第 3 期。

140. 毕丽芳：《"一带一路"背景下民族文化旅游资源开发模式研究——以大理、丽江为例》，《资源开发与市场》2017 年第 4 期。

141. 杨先明、梁双陆：《东西部能力结构差异与西部的能力建设》，《云南大学学报》（社会科学版）2007 年第 2 期。

142. 和燕杰：《长江流域经济一体化：文献综述及其引申》，《改革》2012 年第 4 期。

143. 陆恩达：《组建金沙江开发银行推进金沙江流域经济开发》，《云南财贸学院学报》1989 年第 3 期。

144. 和燕杰:《丽江攀枝花经济一体化的背景分析》,《旅游纵览》2012年第8期。

145. 和燕杰:《丽江—攀枝花经济一体化的生产要素因素分析》,《中国市场》2014年第8期。

146. 袁花、和燕杰:《区域经济合作与发展:基于丽江—攀枝花的实证研究》,《昆明冶金高等专科学校学报》2014年第6期。

147. 和燕杰、袁花:《市场分割与区域经济合作:基于丽江、攀枝花的实证研究》,《昆明冶金高等专科学校学报》2015年第4期。

148. 世界银行:《2009年世界发展报告:重塑世界经济地理》,清华大学出版社,2009。

149. 世界银行、国务院发展研究中心联合课题组:《2030年的中国——建设现代、和谐、有创造力的社会》,中国财政经济出版社,2013。

150. 李海峥等:《中国人力资本的区域分布及发展动态》,《经济研究》2013年第7期。

151. 杨先明、李娅:《能力结构、资源禀赋与区域合作中的战略选择——云南案例分析》,《思想战线》2008年第6期。

152. Hoover, E. M. *The Location of Economic Activity*. New York: McGraw-Hill, 1948.

153. Czamanski, S. *Study of Clustering of Industries*. Halifax, Nova Scotia, Canada: Institute of Public Affairs, Dalbousie University, 1974.

154. Czamanski and L. A. de Q. Ablas. Identification of Industrial Clusters and Complexes: A Comparison of Methods and Findings. *Urban Studies*, 1978 (16): 61-80.

155. Porter, M. E. *The Concept and Comparative Advantage of Nations*. New York: Free Press, 1990.

156. Porter, M. E. Clusters and the New Economics of Competition. *Harvard Business Review*, 1998, December: 77-90.

157. Bela Balassa. *The Theory of Economic Integration*. London: Allen&Unwin, 1962. 1.

158. Paul Streeten. *Economic Integration: Aspects and Problem*. Leyden: A. w. Sijthoff, 1961. 16.

159. Peter Robson. *The Economics of International Integration*. London: George Allen&Unwin (Publishers) Ltd. 1980. 2.

160. Posner, M. International Trade and Technical Change. *Oxford Economic Paper*, XIII, 1961.

161. Perroux, Francois. Economic Spaces: Theory and Application. *Quarterly Journal of Economics*, 1950 (1): 89-104.

162. Boudeville, J. R. *Problems of Regional Economic Planning*. Edinburgh University Press, 1966.

163. Myrdal Gunnar. *Economic Theory and Underdeveloped Regions*. Duckworth, Methuen, 1957.

164. Friedmann, J. R. P. *Regional Development Policy: A Case Study of Venezuela*. Cambridge: MIT Press, 1966.

165. Baran, Paul. *The Political Economy of Growth*. New York: Monthly Review Press, 1957: 57.

166. Amin, Samir. *Accumulation on a World Scale: A Critique of the Theory of Underdevelopment*. New York and London: Monthly Review Press, 1975.

167. A. G, Frank. *Capitalism and Underdevelopment in Latin America: Historical Studies of Chile and Brazil*. New York and London: Monthly Review Press, 1967.

168. F. H, Cardoso. Dependent Capitalist Development in Latin America. *New Left Review*, 6.

169. O. Sunkel. National Development Policy and External Dependence in Latin America. *Journal of Development Studies*.

170. A. Emmanuel. *Unequal Exchange*. New York and London:

Monthly Review Press, 1969.

171. Samuelson, Paul. International Factor—Price Equalisation Once Again. *The Economic Journal*, 1949 (59): 181-197.

172. Edward E. Leamer. International Trade Theory: The Evidence. NBER Working Paper Series, 1994.

173. Starrett D. Market allocations of location choice in a model with free mobility. *Journal of Economic Theory*, Vol. 17. 1978, pp. 21-37.

174. A. K. Dixit and J. E. Stiglitz. Monopolistic Competition and Optimum Product Diversity, *The American Economic Review*, 1977 (3): 279-308.

175. P. Krugman. Increasing Returns and Economic Geography, *Journal of Political Economy*, 1991 (99): 483-499.

176. P. A Samuelson. The Transfer Problem and Transport Costs: The Terms of Trade when Impediments are Absent. *Economic Journal*, 1952 (62): 278-304.

177. Fujita, M., Krugman, P., and Venables, A. J. *The Spatial Economy: Cities, Regions, and International Trade*, MIT Press, 1999.

178. Martion P. and Rogers C A. Industrial Location and Public Infrastructure. *Journal of International Economics*, 1995 (39): 335-351.

179. Forslid R. and Ottaviano G. I. P. An Analytically Solvable Core-periphery Model. *Journal of Economic Geography*, 2003 (3): 229-240.

180. Baldwin R. Agglomeration and Endogenous Capital. *European Economic Review*, 1999 (43): 253-280.

181. Martin P. and Ottaviano G. I. P. Growing Locations: Industry Location in a Model of Endogenous Growth. *European Economic Review*, 1999 (43): 281-302.

182. Baldwin R, Martin P. and Ottaviano G. I. P. Global Income

Divergence, Trade and Industrialization: the Geography of Growth Take-off. *Journal of Economic Growth*, 2001 (6): 5-37.

183. Paul Krugman. Anthony Venables, Globalization and the Inequality of Nations. *The Quarterly Journal of Economics*, 1995, 110 (4), November: 857-880.

184. Robert-Nicoud F. A Simple Geography Model with Vertical Linkages and Capital Mobility, LSE, mimeo, 2002.

185. Ottaviano G. I. P. Models of New Economic Geography: Factor Mobility vs. Vertical Linkages, GIIS, mimeo, 2002.

186. Ottaviano G. I. P. Monoplistic competition, trade, and endogenous spatial fluctuations. *Regional Science and Urban Economics*, 2001 (31): 51-77.

187. Ottaviano G. I. P. , Tabuchi T. and Thisse J. Agglomeration and Trade Revisited. *International Economic Review*, 2002 (43): 409-436.

188. Richard Baldwin, Rikard Forslid, Philippe Martin, Gianmarco Ottaviano and Frederic Robert-Nicoud. *Economic Geography and Public Policy*, Princeton University Press, 2003.

189. J. Vernon Henderson and Jacques-Francois Thisse. *Agglomeration and Economic Geography*, Helen Gainford Elsevier, 2005.

190. M. Fujita and P. Krugman. The New Economic Geography: Past, Present and Future, *Papers Regional Science*, 2004 (83): 139-164.

191. Peter J. Taylor, Michael Hoyler, David R. F. Walker and Mark J. Szegner. A New Mapping of the World for the New Millennium. *The Geographical Journal*, 2001 (3): 213-222.

192. P. J. Taylor, G. Catalano and DRF Walker. Exploratory Analysis of the World City Network. *Urban Studies*, 2002 (13): 2377-2394.

193. Derudder B, Taylor P J. The Cliquishness of World Cities.

Global Networks, 2005 (1): 71-91.

194. EC Rossi, JV Beaverstock, PJ Taylor. Transaction Links through Cities: 'Decision Cities' and 'Service Cities' in Outsourcing by Leading Brazilian Firms. *Geoforum*, 2007 (4): 628-642.

195. Rozenblat C., Pumain D. The Location of Multinational Firms in the European Urban System. *Urban Studies*, 1993 (10): 1691-1709.

196. Rozenblat C., Pumain D. Firm Linkages, Innovation and the Evolution of Urban Systems. In Taylor et al. Eds. *Cities in Globalization: Practices, Policies and Theories*. Routdledge, 2007, 130-156.

197. S. Alderson and Jason Beckfield. Power and Position in the World City System. *American Journal of Sociology*, 2004 (4): 811-851.

198. David A. Smith and Michael Timberlake. Conceptualising and Mapping the Structure of the World Systems City System. *Urban Studies*, 1995 (2): 287-302.

199. Kyoung-Ho Shin and Michael Timberlake. World Cities in Asia: Cliques, Centrality and Connectedness. *Urban Studies*, 2000 (12): 2257-2285.

200. Junho. H. Choi, George A. Barnett and Bumsoo Chon. Comparing World City Networks: a Network Analysis of Internet Backbone and Air Transport Intercity Linkages, *Global Networks*, 2006 (1): 81-99.

201. Ma Xiulian, Timberlake and Michael F. Identifying China's Leading World City: a Network Approach. *Geo Journal*. 2008, (1): 19-35.

202. B. Derudder and F. Witlox. An Appraisal of the Use of Airline Data in Assessing the World City Network: A Research Note on Data. *Urban Studies*, 2005 (13): 2371-2388.

203. Samuelson, Paul. Theoretical Note on Trade Problem. *Review of Economics and Statistics*, 1954, (46): 145-164.

204. Arellano, Bond. Some Tests of Specification for Panel Data: Monte Carlo Evidence and an Application to Employment Equations. *Review of Economic Studies*, 1991, (2).

205. Blundell, Bond. Initial Conditions and Moment Restrictions in Dynamic Panel Data Models. *Journal of Econometrics*, 1998, (87).

后 记

本书是我主持完成的云南省哲学社会科学规划项目"空间集聚视角下的滇西区域经济一体化研究"（项目批准号：QN2014016）的课题成果。课题的研究历时两年多，我先后到滇西各地进行调研，对滇西经济社会的发展有了较深的认识，这些调研对课题的完成起到了重要的支撑作用。课题结题（结题证书号：2016427）之后，我对课题研究报告进行了必要的修改和进一步的扩展、更新以及调整，并最终形成了此书。

书稿付梓在即，我要特别感谢我的长辈白庚胜教授对本书出版的大力帮助，可以说没有白先生的鼎力支持，本书的出版是不可能的。白先生严谨的治学精神以及对晚辈不遗余力的提携和帮助深深地感染和激励着我。儿时白先生给我教授日语的情景还历历在目，只不过当时的自己秉性顽劣，不思学习，未能理解白先生的这番苦心和爱，是白先生一直的激励和鞭策让我有所长进。我无以为报，唯有更加努力。

特别感谢丽江鹰猎文化基金会和丽萍理事长、李实秘书长、张福龙副秘书长对本书出版提供的大力支持和帮助，同时还感谢基金会何靖先生、张艳菊女士的帮助。

我要特别感谢我的老师梁双陆研究员、张国胜教授、陈瑛研究员。梁老师、张老师和陈老师对本研究提供了直接的指导，当然本书中的一切责任由我承担，他们的关心和引导是我前进的动力，对他们的感激之情无以言表。

云南大学发展研究院良好的学术研究和学习环境为本研究的完

成以及我本人的成长提供了最重要的条件，在此我对一直关心我成长的杨先明老师、罗淳老师、黄宁老师、吴明老师等研究院诸位老师表示衷心的感谢。感谢云南民族大学的曹华老师、王莲老师、张雄老师以及北京邮电大学的和云老师近20年以来的关心和帮助。

感谢在人生各个求学、工作阶段给予我关怀和帮助的所有老师，因为您们的付出和教诲，让我受益终生。感谢我本人从教近14年来教过的所有学生，因为你们的努力和付出，让我不断成长、受益终生。

感谢社会科学文献出版社赵慧英老师以及其他编校人员为本书出版付出的辛劳。

感谢丽江师范高等专科学校诸位领导、师长、同人的关心和鼓励。

感谢刘焕鹏博士、张云平博士、马光选博士、卜文虎博士、林崔宏博士、杨林军博士在文献查阅、研究讨论等方面提供的大力帮助。感谢我的同学和江艳女士、张爱谷女士、杨丽宏先生在数据收集和文献查阅方面提供的大力帮助。感谢赵执民先生在数据收集方面提供的大力帮助和便利。

特别感谢我的父母，感谢他们的养育之恩及多年来默默的关心和支持，使我在人生道路上不断成长和进步。感谢先父，他一直是我在学术道路上默默前行的动力。感谢我的母亲、岳父母、妻子和儿子，感谢他们长期以来对我的付出和坚定的支持。感谢我的兄弟、姊妹、嫂子、弟妹们对我的支持和付出。感谢和旭华、李晓鸣、李肖山、赵卫平、张思源、郭晓军、甘魁等诸位朋友对我家庭和个人的关心和帮助。

还有其他很多给我帮助的人士无法一一列出，在此一并表示感谢！

书稿虽然完成，但我对滇西经济的研究才刚刚起步，滇西地区经济发展的滞后以及与内地发达地区的差距，使生于斯长于斯的我难以停歇对这一领域的研究。时至今日虽然碰壁太多，但痴心不改，意志更坚。本书在研究和写作的过程中引用了相关资料，基本上都在书中注明了出处，在此对相关学者深表感谢，由于要素流动、空间集聚、区域经济一体化领域研究学者众多，相互影响和引用广泛，难免有部分遗漏，敬请谅解。本研究只是进行了小小的探索，由于时间、精力和学识所限，书中难免存在疏漏和谬误，诚挚欢迎学界同人的评论和意见！

和燕杰
2018 年 2 月 1 日于丽江黑龙潭畔寓所

图书在版编目(CIP)数据

空间集聚视角下的滇西区域经济一体化/和燕杰著
.--北京：社会科学文献出版社，2019.6
ISBN 978-7-5201-4911-2

Ⅰ.①空… Ⅱ.①和… Ⅲ.①区域经济一体化-研究-云南　Ⅳ.①F127.74

中国版本图书馆 CIP 数据核字（2019）第 102107 号

空间集聚视角下的滇西区域经济一体化

著　　者／和燕杰

出 版 人／谢寿光
责任编辑／赵慧英

出　　版／社会科学文献出版社·社会政法分社（010）59367156
　　　　　　地址：北京市北三环中路甲 29 号院华龙大厦　邮编：100029
　　　　　　网址：www.ssap.com.cn
发　　行／市场营销中心（010）59367081　59367083
印　　装／三河市尚艺印装有限公司

规　　格／开　本：787mm×1092mm　1/16
　　　　　　印　张：13.75　字　数：211 千字
版　　次／2019 年 6 月第 1 版　2019 年 6 月第 1 次印刷
书　　号／ISBN 978-7-5201-4911-2
定　　价／78.00 元

本书如有印装质量问题，请与读者服务中心（010-59367028）联系

▲ 版权所有 翻印必究